sport extrem

Ray Rowe

WILDWASSER KAJAK

sport extrem

Ray Rowe

WILDWASSER KAJAK

PIETSCH

Die Originalausgabe ist erschienen
unter dem Titel White Water Kayaking

Die Übertragung ins Deutsche
besorgte Uwe D. Minge

ISBN 3-613-50112-2-0

1. Auflage 1990

Postfach 103743, 7000 Stuttgart 10.
Ein Unternehmen der
Paul Pietsch-Verlage GmbH & Co.

Satz: Vaihinger Satz+Druck
Druck: Proost International Book
Printed in Belgium

Vorbemerkung des Herausgebers

Der Sport, der in diesem Buch beschrieben wird, ist seiner Natur nach gefährlich. Jeder der ihn ausüben will, sollte vorsichtig zu Werke gehen – besonders wenn es sich um einen Anfänger handelt. Er sollte nur unter fachmännischer Aufsicht üben. Der Herausgeber haftet für keine Unfälle, Verletzungen und Schäden, die ein Leser dieses Buches erleidet, aus welchen Gründen diese auch immer entstanden sein mögen.

Der Autor

Ray Rowe war sechs Jahre lang Mitglied der irischen Wildwassermannschaft und hat mit seinem Kajak an Wettkämpfen in ganz Europa teilgenommen. Dann faszinierte ihn das Kajakfahren auf der offenen See, er überquerte die Irische See, später umrundete er die Insel Ninivak in der Beringsee. Er war acht Jahre der Präsident der Canoeing at Plas y Brenin, dem nationalen Zentrum für Wildwasserfahren. Dort bildete er Paddler und Betreuer für Fahrten auf See, in der Brandung und im Wildwasser aus. Ray Rowe ist jetzt bei der Britisch Canoe Union beschäftigt. Er hält viele Vorträge und leitet Kurse über Sicherheit und Hilfeleistung im Wildwasser. Außerdem ist er regelmäßiger Mitarbeiter des Magazins Canoeist, Redakteur des Mitteilungsblattes der BCU, Canoe Focus, und hat das neue Handbuch der BCU zusammengestellt.

Der Illustrator

Ron Brown hat eine Ausbildung als Modellbauer für die Industrie absolviert. 1975 wurde er technischer Zeichner, nachdem er das Barking Regional College und das London College of Printing absolviert hatte. Zur Zeit arbeitet er mit arbeitslosen Jugendlichen in handwerklichen Fortbildungskursen am London Borough of Haringey. Sein Interesse für das Kanufahren wurde geweckt, als er Grundkurse für die Edmonton Senior Scouts and Guides durchführte. Während der letzten Jahre engagierte er sich im Brandungs- und Wildwasserfahren als Mitglied des Edmonton Conoe Club und der Sobell Group.

Vorwort

Gleichgültig in welcher Sparte des Kanufahrens Sie aktiv werden wollen, überall gelten bestimmte grundsätzlich Regeln, die, wenn man sie beachtet, das Vergnügen an diesem Sport erhöhen. Im einzelnen sind das: Hochwertige Ausbildung, Respekt vor dem Fluß, die Fähigkeit zur Entspannung und schließlich ein natürliches Gefühl für das Wasser. Dieses Buch wird allen Paddlern einen wertvollen Überblick über die hohe Schule des Kanupaddelns geben. Es kann einem nichts Besseres passieren, als die Möglichkeit zu bekommen, vom Wissen und der Erfahrung eines der großen Könner des Kanusports zu profitieren.

Man schätzt Ray Rowe auf der ganzen Welt als Paddler, Flußführer und Ausbilder. Nur wenige Männer können mit derselben Leidenschaft und Kenntnis über diesen Sport reden. Mein Eindruck von Ray ist, daß er alles ideal verkörpert, was Kanufahren ausmacht – die Herausforderung, die Erregung, das Gefühl des Abenteuers, gepaart mit ansteckendem Enthusiasmus. Sollte ein Fluß in der Nähe sein, wenn Sie diese Zeilen lesen, dann schnappen Sie sich ein Paddel, und heben Sie sich das Buch für später auf – ich bin sicher, daß es Ray auch so halten würde!

Richard Fox MBE
Einzelweltmeister Slalom 1981, 1983, 1985
Mannschaftsweltmeister 1979, 1981, 1983, 1987

Inhaltsverzeichnis

Einleitung

Wir kletterten langsam durch den Wald talwärts, dabei sahen wir aus wie Einsiedlerkrebse, die aus ihrer schützenden Muschel gekrochen waren, um sie ins Wasser zu schleppen. Im Wagen hatte aufgeregtes, nervöses Geplapper geherrscht, als wir uns dem Fluß näherten. Jetzt waren alle still. Als wir aus dem Wald an das Ufer gelangten, war die Luft vom Lärm des reißenden Wassers erfüllt. Etwa 300 m weiter stromabwärts verengte sich das Flußbett, das Wasser schoß durch eine Enge, die von hohen, steilen Ufern begrenzt wurde. Es hatte den Anschein, daß ein Riese den Fluß zwischen seinen aufgerichteten flachen Händen hindurchpreßte.

Ich fummelte an der Spritzdecke herum, mein Mund war trocken, die Hände waren seltsam ungeschickt bei der Arbeit, trotzdem schnappten die Verschlüsse schließlich ein. Andy nickte mir zu, wir wußten beide, was es bedeutete: ›Viel Glück! Auf Wiedersehen auf der anderen Seite.‹ Sofort als ich auf dem Fluß war, packte mich der Strom mit aller Macht. Ich schoß die Rampe hinab, die in die Enge führte. Die Beschleunigung war unglaublich. Ich hatte es schon oft so erlebt, aber mich noch immer nicht daran gewöhnt. Der Kajak bockte auf den überbrechenden Wellen und stürzte in die klaffenden Mäuler der Stromschnellen. Ich versuchte ihn unter Kontrolle zu halten, wie ein Reiter auf einem durchgehenden Pferd. Die einzelnen Abschnitte der Stromschnellen, die ich mir wieder und wieder eingeprägt hatte, tauchten vor mir auf und waren im nächsten Augenblick hinter mir verschwunden. Die Enge schien mit Überschallgeschwindigkeit vorbeizurasen.

In dem großen Wasserbecken am Ende der Stromschnellen kam meine Schußfahrt zu einem abrupten Ende. Meine Gedanken kreisten noch ein paar Sekunden mit kometenhafter Geschwindigkeit weiter, dann versanken sie in einer wunderbaren Entspannung. Ich blickte zurück und sah wie Andy über die letzte große Welle geschossen kam. Sein Lustschrei füllte das ganze Tal aus und brach sich an den umgebenden Felswänden.

Die Erinnerung an diesen Frühlingstag in den Bergen von Nordwales ist einer der Höhepunkte des Wildwasserfahrens, der sich mir unauslöschlich eingeprägt hat. Der Nervenkitzel und die Aufregung sitzen so tief, daß schon die Erinnerung daran meinen Puls zum Rasen bringt und zur Adrenalinausschüttung führt. Jede Erinnerung ist einzigartig, weil jeder Fluß seine spezielle Atmosphäre hat, eine eigene Persönlichkeit, die nicht reproduzierbar ist. Sogar Fahrten auf einem vertrautem Revier verlaufen stets etwas anders, was uns verdeutlicht, daß ein Fluß kein lebloser Wasserstreifen ist, sondern daß er lebt und sich ständig verändert.

Alle, die Wildwasserpaddeln betreiben, haben eine wichtige Eigenschaft gemeinsam – den Wunsch, sich der Herausforderung zu stellen. Sie wollen sich nicht innerhalb künstlicher Regeln eines formalisierten Wettkampfes messen, sondern auf dem urtümlichen Kampfplatz der Stromschnellen mit den Gewalten des Flusses ihre Kräfte messen. Die Regeln sind einfach, sie werden von der begrenzten Energie bestimmt, die der Paddler zur Verfügung hat. Um Erfolg zu haben, muß man sein Können und seine Fitneß verbessern und Erfahrungen sammeln. Man wird in diesem Sport nie auslernen, denn es gibt immer wieder neue Gewässer und neue Herausforderungen.

Dieses Buch versucht die Höhepunkte des Wildwasserfahrens beiseite zu lassen. Sein Ziel ist es, Ihnen zu helfen Ihre Leistungsfähigkeit zu erhöhen. Es soll Sie lehren, das Wasser und seinen Einfluß auf den Kajak besser zu verstehen. Auch soll das Sicherheitsdenken kultiviert werden, damit Sie Ihre ureigenste Befriedigung aus dem Sport ziehen können.

Selbstvertrauen und Unabhängigkeit sind Grundvoraussetzungen für das Kajakfahren. Sie sind nötig, um die Entscheidung zu treffen über eine Stromschnelle zu paddeln, ebenso nötig sind sie bei der Zusammenstellung der Ausrüstung und bei der mühsamen Verbesserung des Leistungsniveaus. Sie müssen die Verantwortung für Ihre Ausbildung selber übernehmen, halten Sie sich dabei an die folgenden drei Regeln:

1. Fragen Sie hemmungslos erfahrene Paddler und Betreuer um Rat.

2. Lesen Sie! Fragen Sie! Diskutieren Sie mit anderen über Ihre Leistung.

3. Seien Sie sich ihrer Grenzen und Schwächen bewußt. Machen Sie sich klar, daß Sie kein Kajakfahrer der Klasse V sind, nur weil Sie einmal eine Stromschnelle der Klasse V überlebt haben.

Zum guten Schluß möchte ich noch betonen, daß man unabhängig von Alter oder Geschlecht in einen Kajak steigen und Flüsse hinunterfahren kann. Wenn Sie den aufrichtigen Wunsch haben, Wildwasserfahrten zu machen, dann haben Sie den einzigen Eignungstest dieser Sportart bestanden. Die Bekleidung und Ausrüstung im Kajakfahren ist weitgehend unabhängig vom sozialen Status. Die eine Gruppe Paddler sieht nicht wesentlich anders aus als die nächste. Sie können sicher sein, daß Sie nirgends so gleichberechtigt behandelt werden, wie in dem Augenblick, wo sie Ihr Boot zu Wasser bringen, um eine Stromschnelle zu bezwingen.

Ray Rowe

ERSTES KAPITEL

BOOTE UND AUSRÜSTUNG

Die Kajaks, die im Wildwasser eingesetzt werden, unterscheiden sich in Form und Konstruktion erheblich. Das hat seinen Grund in den unterschiedlichen Anforderungen, die an das Boot auf dem Fluß gestellt werden. Einige Kajaks sind für lange Fahrtentouren auf Flüssen der Wildnis konzipiert, andere sind für das Befahren von Wasserfällen entworfen. Die meisten Kajakfahrer schließen einen Kompromiß, damit sie alles ausprobieren können, was das Wildwasserfahren zu bieten hat, ohne mehrere Boote besitzen zu müssen. Man kann die Kajaks grob in die unten beschriebenen Gruppen einteilen.

TOURENKAJAKS MIT GROSSEM VOLUMEN

Der Begriff ›Volumen‹ bezieht sich auf den Luftraum, der von der Außenhaut des Kajaks eingeschlossen wird. Diese Boote schwimmen wegen ihres großen Auftriebs hoch auf, das verleiht ihnen ein ›gutmütiges‹ Verhalten. Sie sind ungefähr 4m lang, damit sind sie die längsten Wildwasserkajaks. Bedingt durch ihre Länge sind sie sehr kursstabil, daher kann man mit ihnen Stromschnellen sehr leicht auf geraden Kursen passieren. Diese Kajaks werden hauptsächlich auf langen Flußexpeditionen benutzt, wo der Paddler seine ganze Ausrüstung mit sich im Boot führt. Mit diesen großvolumigen Kajaks sind sehr lange Flußabfahrten in der Wildnis von ganz auf sich gestellten Gruppen durchgeführt worden. Für den Anfänger bietet sich dieser Typ an, da er im unruhigen Wasser sehr stabil liegt und leicht Kurs hält. Wenn man das Boot oberhalb einer großen geradlinigen Stromschnelle ins Wasser setzt, kann man heil unten ankommen, wenn man nur den Bug talwärts hält. Allerdings muß dieser Erfolg skeptisch bewertet werden, denn eine Stromschnelle ohne Kenterung zu überwinden, sagt noch nichts über den Grad von Kontrolle aus, die der Paddler über das Boot hatte. Früher oder später wird der Paddler sein Lehrgeld zahlen müssen, wenn er die Kontrolle über sein Boot verloren hat.

ALLROUNDBOOTE MIT MITTLEREM VOLUMEN

Weitaus die meisten Kajaks auf dem Wildwasser gehören zu dieser Kategorie. Sie sind üblicherweise zwischen 330 und 370 cm lang und 60 cm breit. Weil sie kürzer sind, sind diese Boote leichter zu manövrieren. Das etwas niedrigere Deck paßt sich besser dem Körper des Paddlers an. Das Ergebnis ist, daß man ein direktes Gefühl zum Wasser entwickelt; das Boot überträgt die Kräfte des Flusses unmittelbar auf den Paddler. Es ist daher ein ausgezeichnetes Boot, um ein Gefühl für das Wildwasser zu entwickeln. Zumeist sind diese Boote aus Polyäthylen hergestellt, das ist ein widerstandsfähiger geformter Kunststoff. Zusammenfassen kann man sagen, so ein Boot ist eine gute Investition für jeden.

KLEINVOLUMIGE KAJAKS

Kajaks für Slalomwettbewerbe sind sehr flach gehalten, damit sie sauber unter den hängenden Toren hindurch kommen. Andere kleinvolumige Kajaks sind als reine ›Spaßmacher‹ konzipiert, sie werden ›squirt boats‹ (Spritzer) genannt. Sie sind so flach wie möglich gehalten und haben sehr scharf zulaufende Enden. Das Ergebnis ist, daß die Boote mit beiden Enden sehr schnell unterschneiden, besonders aber mit dem Heck. Ein erfahrener, geübter Paddler kann mit dem Boot viele akrobatische Manöver ausführen, indem er den Strom, die Wellen und Körperdrehungen ausnutzt. Dieser Bootstyp hat so gut wie keinen Platz für Ausrüstungsgegenstände. Auf keinen Fall sollte sich ein Anfänger an ihm versuchen.

SEHR KURZE KAJAKS

Viele europäische Wildwasserfahrer benutzen diesen Bootstyp, der für den Außenstehenden ungewöhnlich kurz aussieht. Einen derartigen Kajak durch eine Stromschnelle zu bringen ist ein Erlebnis, das man nicht versäumen sollte. Die Boote sind ca. 220 cm lang, und die meisten sind ziemlich großvolumig. Der kurze Rumpf macht das Manövrieren äußerst einfach. In mittelschweren Gewässern sind diese Boote ausgezeichnete Spaßmacher. Man kann mit ihnen leicht die Eskimorolle ausführen, außerdem trainieren sie das Reaktionsvermögen des Paddlers. Einige Sportsfreunde nehmen sie sehr ernst und benutzen sie auch in sehr schwierigen Gewässern. Viele Paddler der alpinen Gewässer glauben, daß es die sichersten Boote für höchste Schwierigkeitsgrade sind. Wie immer in solchen Fällen gibt es zwei unterschiedliche Meinungen dazu. Zweifellos beschleunigen kurze Boote nur langsam, was zu Problemen bei Wellentälern und steilen Wellen führt. Andererseits haben sie einen großen Auftrieb, der sie sicher über schlimmste Turbulenzen bringt. Viele der steilen Gebirgsflüsse Großbritanniens wären ohne die sehr kurzen Kajaks nicht zu befahren.

AUSWAHL DES RICHTIGEN BOOTES

Ein wichtiger Faktor bestimmt die Auswahl des Bootes – das Körpergewicht. Wenn Ihr Gewicht zwischen 64 und 77 kg liegt, dann ist ein Boot mit mittlerem Volumen das richtige für Sie. Dasselbe Boot mit einem Paddler an Bord, der 90 kg auf diese Waage bringt, wird sich schwerer drehen lassen, weil es sehr viel tiefer im Wasser liegt. Allgemein kann man sagen, daß das Boot schwerfällig manövriert. Der schwergewichtige Paddler muß ein großvolumiges Boot auswählen. Natürlich wird das auch mehr Platz für große Füße und lange Beine bieten.

BAUMATERIALIEN

Vor nicht langer Zeit wurden alle Wildwasserkajaks in zwei Hälften ausgeformt, vergleichbar einem Schokoladenosterei, und dann zusammengesetzt. Sie wurden aus Glasfasermat-

Ein Kajak mit viel Auftrieb, der besonders für extremes Wildwasserfahren geeignet ist. Er besteht aus GFK. Die Länge beträgt 360 cm, das Volumen ca. 320 Liter.

Ein Kajak mit mittlerem Auftrieb, der für mittelschwere Gewässer gedacht ist. Er ist aus Polyäthylen gefertigt. Länge 355 cm, Volumen 250 Liter.

Ein Kajak mit wenig Auftrieb, der speziell für Slalomwettfahrten geeignet ist. Länge 400 cm.

Ein sehr kurzer Kajak, der auf allen Wildwassern gefahren werden kann. Er besteht aus Polyäthylen und ist 290 cm lang, das Volumen beträgt 210 Liter.

Arrowcraft

ten und Harz gebaut (GFK), das Ergebnis war ein weitgehend in Handarbeit hergestelltes Boot. Heute werden die meisten Kajaks in einer elektronisch überwachten Form aus dem thermoplastischen Kunststoff Polyäthylen gepreßt. Häufig wird die Form beim Herstellungsprozeß gedreht, damit das geschmolzene Material gut verteilt wird – so entsteht sehr schnell ein neues Boot. Die Einfachheit des Herstellungsprozesses und die fast unglaubliche Widerstandsfähigkeit des Polyäthylen hat dem Wildwasserpaddeln großen Auftrieb gegeben. Die Boote halten länger, und die Paddler können sich auch auf Flüsse mit niedrigem Wasserstand wagen, GFK-Boote wären dabei sicher beschädigt worden. Das Vertrauen in das Material hat zu einer ungeahnten Revolution in der Erforschung von Flüssen überall in der Welt geführt.

Obwohl Polyäthylen so außergewöhnlich widerstandsfähig ist, weist es doch auch eine große Flexibilität auf. Kommt die rohe Schale aus der Form, ist sie sehr weich. Deshalb wird in den meisten Fällen innen eine Verstärkung eingebracht, das dem Kajak die nötige Steifigkeit verleiht. Gewöhnlich sind das Hartschaumblökke, die unter dem vorderen und achteren Deck eingepaßt werden. Sie werden mittels Bolzen, die durch das Deck geführt werden, an ihrem Platz gehalten. Ein Vorteil der GFK-Kajaks liegt darin, daß man sie ohne viel zusätzliches Gewicht sehr biegesteif bauen kann. Wird das Boot überdehnt, bricht es durch. Das kann vorteilhaft sein, wenn der Kajak von einem Felsen aufgespießt wurde. Aus diesem Grund benutzen einige deutsche Sportler noch immer GFK-Boote.

ANDERE WICHTIGE MERKMALE DES BOOTES

Wendigkeit und Geschwindigkeit durchs Wasser

Die Biegung, die der Konstrukteur dem Rumpf des Bootes verleiht wird umgangssprachlich ›Wippe‹ genannt. Je stärker diese Kurve ausgeprägt ist, desto leichter wird der Kajak zu manövrieren sein. Andererseits vermindert eine ausgeprägte ›Wippe‹ die Geschwindigkeit des Bootes, da seine effektive Wasserlinienlänge kleiner wird. Von dieser Größe hängt aber die Geschwindigkeit auf geradem Kurs ab.

Das Cockpit

Den einzigen direkten Kontakt mit dem Kajak haben Sie über die Fußstützen und das Cockpit. Wenn Sie sich im Cockpit nicht wohl fühlen, werden Sie mit dem gesamten Boot nicht zufrieden sein. Das Cockpit enthält: Den Sitz, die Rückenstütze, den Cockpitrand, die Hüft- und Kniepolster.

Viele moderne Cockpits sind geformt wie ein Schlüsselloch. Diese Form macht zum einen das Cockpit lang genug, damit man im Notfall leicht aussteigen kann, zum anderen ist es schmal, damit die Hüften guten Halt finden. Häufig wird für diese Cockpitform der Begriff ›Sicherheitscockpit‹ verwendet. Anfänger in unserem Sport fühlen sich in diesem Cock-

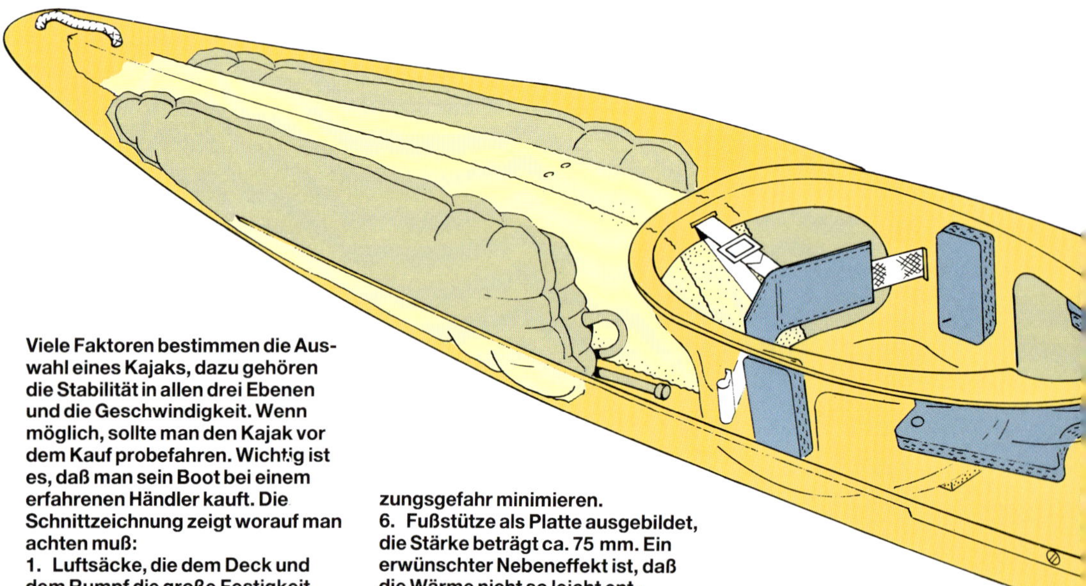

Viele Faktoren bestimmen die Auswahl eines Kajaks, dazu gehören die Stabilität in allen drei Ebenen und die Geschwindigkeit. Wenn möglich, sollte man den Kajak vor dem Kauf probefahren. Wichtig ist es, daß man sein Boot bei einem erfahrenen Händler kauft. Die Schnittzeichnung zeigt worauf man achten muß:

1. Luftsäcke, die dem Deck und dem Rumpf die große Festigkeit verleihen.
2. Festschaumblock, der bei einigen Kajaks auch als Rücksitzpolster dient.
3. Sicherheitsgurt, achtern.
4. Hüftstützen, die auf die persönlichen Abmessungen des Paddlers eingestellt sind.
5. Kniestützen, die einen sicheren Halt vermitteln und die Verletzungsgefahr minimieren.
6. Fußstütze als Platte ausgebildet, die Stärke beträgt ca. 75 mm. Ein erwünschter Nebeneffekt ist, daß die Wärme nicht so leicht entweicht.
7. Aufblasbare Auftriebskörper.
8. Auftriebskörper aus Festschaum.
9. Sicherheitscockpit, das es dem Paddler leicht macht auszusteigen. Die Verengung des Cockpits bringt sowohl die Hüften als auch die Knie in Kontakt mit dem Boot.
10. Griffschlaufe
11. Knebel
12. Handgriff, der den anderen Systemen vorzuziehen ist, er muß einer Belastung von 500 kg widerstehen, ohne zu brechen.

pit gut aufgehoben, aber auch viele erfahrene Paddler bevorzugen es. Praktisch alle Wildwasserkajaks in Deutschland, Österreich und der Schweiz sind mit dem Sicherheitscockpit ausgestattet, denn die Paddler in den alpinen Gewässern befürchten mit gutem Grund, daß im Ernstfall das Cockpit zur Falle werden könnte. Ein Mensch durchschnittlicher Größe kann aus einem Schlüssellochcockpit aussteigen, ohne zuerst das Hinterteil vom Sitz zu erheben – das bedeutet, der Paddler kann den Kajak verlassen, ohne die Hände zu benutzen.

Über die Kniepolster kontrolliert der Paddler die Balance des Kajaks. Wenn die Beine entspannt ausgestreckt sind, sollten beide Knie Kontakt mit den Polstern haben. Als das Sicherheitscockpit eingeführt wurde, hatten viele Paddler Probleme mit der langgestreckten Öffnung, sie befürchten, den engen Kontakt mit dem Boot über die Knie zu verlieren. Aber bald entdeckten die meisten, daß sie über die Hüftpolster, wie sie im Schlüssellochcockpit verwendet werden, den Kajak ebenso gut kontrollieren konnten.

Im Sicherheitscockpit haben die Beine mehr Kontakt mit dem Rumpf. Das verlagert den Drehpunkt des Bootes näher zum Bauch hin, und der Paddler kann mehr Druck auf die Hüftstützen ausüben.

Die Rückenstütze ist sehr wichtig, denn sie hilft ihnen, sich fest im Boot zu verkeilen. Wenn Sie auf dem Kajaksitz sitzen und mit beiden Füßen fest gegen die Fußstütze treten, rutscht Ihr Gesäß auf dem Sitz nach hinten. Die Rückenstütze verhindert dies und nimmt einen Teil des Druckes auf, der auf Ihre Leisten wirkt. Dieser Druck entsteht durch das Anpressen der Knie. So versuchen Sie, sich in der richtigen Stellung zu halten, wenn sie keinen Kontakt mit der Rückenstütze haben.

Die Rückenstütze ist gewöhnlich ein starkes gepolstertes Gurtband, das gut hinter dem Sitz befestigt ist. Es verfügt über eine Verstelleinrichtung, damit man es individuell einstellen kann. Häufig befestigen Paddler *nach* dem Kauf ihre eigene Rückenstütze im Boot. Beachten Sie zwei Punkte:

1. Der Gurt muß ausreichend stark sein. Falls er bricht, während Sie rückwärts fahren, werden sie auf die hintere Cockpitkante geschleudert werden!

2. Er muß straff gespannt sein, damit er nicht nach oben wandern kann und Sie beim Aussteigen behindert. Sollte er nach unten rutschen, setzten Sie sich beim Einsteigen auf ihn.

Da Schlüsselloch-Cockpits zwischen dem Cockpitrand und dem Sitz einen großen Abstand aufweisen, ist hier die Rückenstütze von besonderer Wichtigkeit. Einige Kajaks aus Polyäthylen haben hinter dem Sitz eine eingeformte Nut in die der hintere Hartschaumblock eingepaßt wird. Manchmal verstärkt dann der Schaumblock den Rückenhalt. Beachten Sie auf der Abbildung, daß der Raum vor dem Sitz durch den vorderen Schaumblock geteilt wird. Dieser Block gibt den Beinen einen vorzüglichen Halt. Außerdem kann man sich darauf mit den Knien abstützen, sollte man den Kontakt zu den eigentlichen Kniestützen verlieren. Das kann z. B. passieren, wenn man im Wildwasser schwer arbeiten muß. Allerdings kann der Schaumblock hinderlich sein, wenn man das Cockpit schnell verlassen muß.

Schließlich müssen die Seiten des Sitzes dem Paddler angepaßt werden. Die Hersteller halten die Öffnung bewußt so groß, damit Menschen unterschiedlichster Statur im Cockpit Platz finden. Das führt dazu, daß bei vielen Paddlern zwischen den Hüften und der seitlichen Begrenzung ein Zwi-

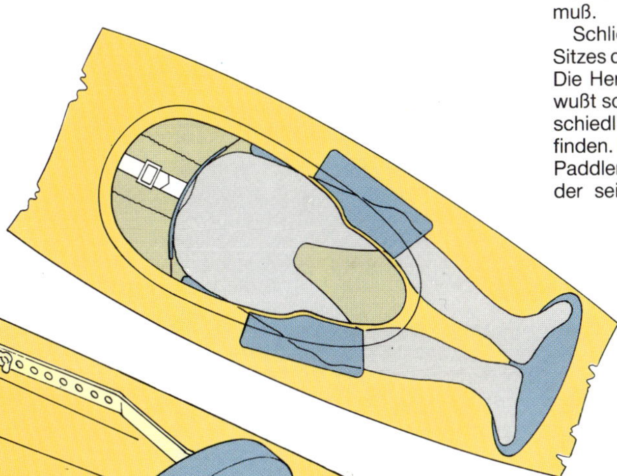

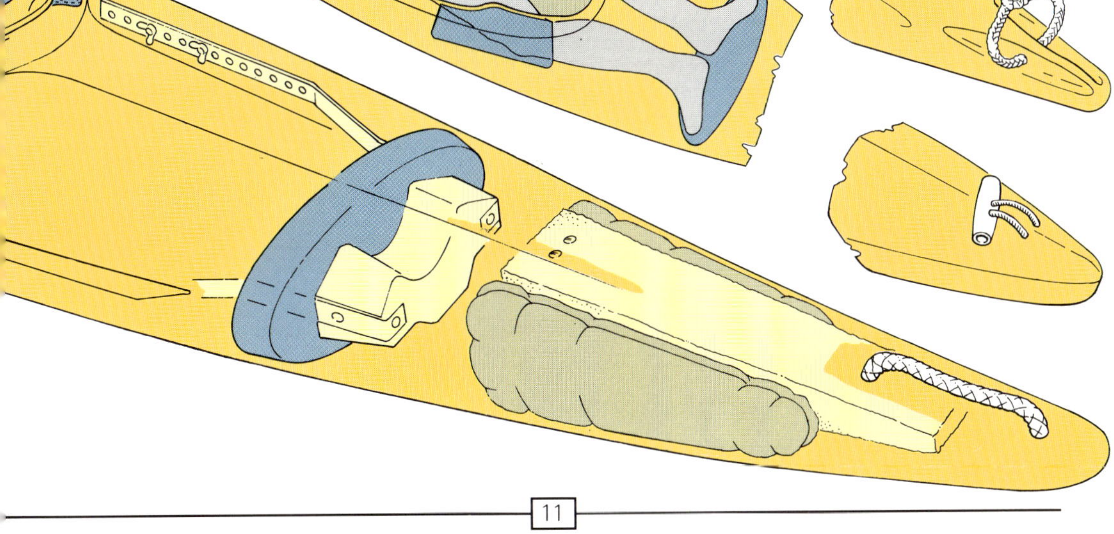

schenraum klafft. Diese Lücke muß mit festen Schaumpolstern geschlossen werden, damit die Hüften bequemen Kontakt mit den Seiten haben. Nur so können Sie Bewegungen Ihres Unterkörpers direkt auf den Kajak übertragen. Am besten geeignet für diese Polster sind wasserabweisende Schaumstofflagen, die mit einem wasserfesten Kleber befestigt werden. Wenn Sie schon dabei sind, werden Sie es als nützlich empfinden, auch die Kniestützen mit einer dünnen Schaumstoffschicht zu beziehen, etwas Komfort muß sein. Sollten Ihre Knie zu wenig Kontakt mit den Stützen haben, können Sie die Stützen mit Schaumstofflagen entsprechend nach unten verstärken.

Oben links: Der Luftsack füllt das Heck völlig aus.

Oben rechts: Das Längsschott muß aus kräftigem Hartschaum hergestellt sein, weil es ein tragendes Element des Kajaks ist.

Auftriebskörper

Ein Kajak ohne Auftriebskörper würde sinken, wenn Wasser über das Cockpit in den Rumpf eindringt, deshalb werden entsprechende Vorrichtungen von den Herstellern eingebaut. Wir unterscheiden zwei verschiedene System:

1. Hartschaumblöcke – wie sie z. B. in den Polyäthylenbooten verwendet werden.

2. Luftsäcke – wie z. B. in dem nebenstehend abgebildeten Schweizer GFK-Kajak.

Auftriebskörper

Der Zweck der Auftriebskörper ist es, Wasser aus dem Boot fernzuhalten. Luftsäcke, die der Bootsform angepaßt sind, erfüllen diesen Zweck sehr gut, allerdings müssen sie aus kräftigem Material bestehen, um dem Druck standzuhalten. Sind die Luftsäcke nicht ganz »steinhart« aufgepumpt, wird man etwas Leeweg haben, wenn sie extrem belastet werden. Man kann etwas Luft hinauslassen, um Ausrüstungsgegenstände zu verstauen. Die Ausrüstung wird sicher am Platz gehalten, wenn der Sack dann wieder gefüllt wird. Die Luftsäcke müssen im Boot gelascht werden. Das erreicht man am einfachsten, indem man durch den Festschaumblock ein kleines Loch bohrt und einen Tampen hindurchzieht.

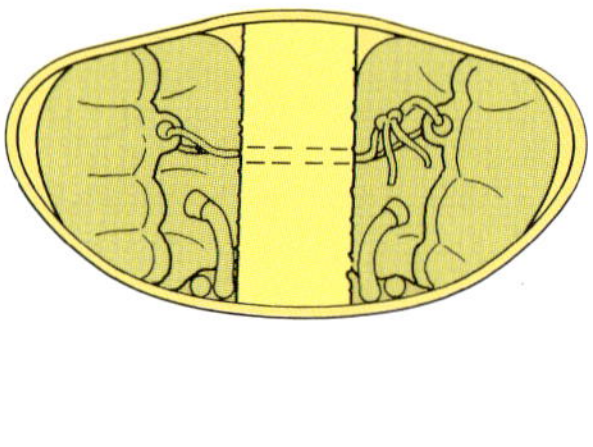

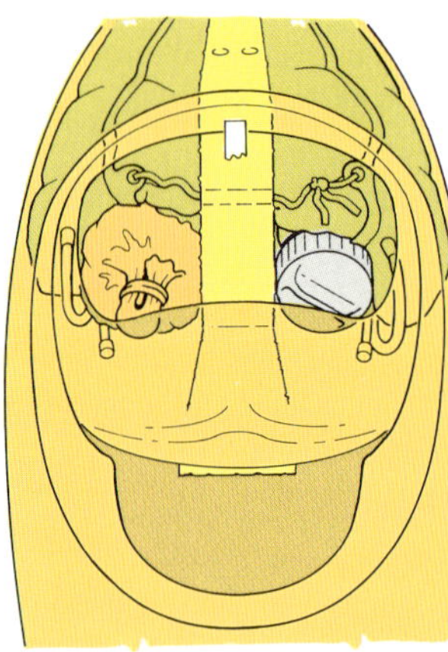

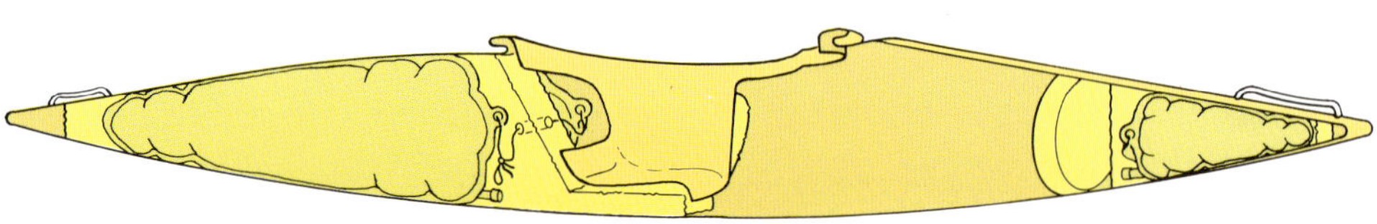

Wenn man einen Kajak unter Wasser drückt, sinkt er soweit in das Wasser, bis er auf den Auftriebskörper schwimmt. Im Falle der Kenterung erreicht der vollgelaufene Kajak schnell ein Gewicht von 180 kg (Eigengewicht plus Gewicht des eingedrungenen Wassers). Wenn sich die Kenterung in einer Stromschnelle ereignet, bewegen sich der Schwimmer und das Boot mit ca. 13 km/h. Zum einen stellt die erhebliche kinetische Energie eine große Gefahr für den Schwimmer dar, wenn er von seinem Boot getroffen wird, zum anderen muß er das schwere Boot mühsam an Land ziehen. Folglich ist es sehr ratsam, jede Ecke mit Auftriebskörpern auszufüllen, damit das Wasser nur in den Cockpitbereich eindringen kann. Luftsäcke, die man neben Schaumblöcken anbringt, stellen eine vorzügliche zusätzliche Auftriebshilfe dar, außerdem halten sie verstaute Ausrüstungsgegenstände fest an ihrem Platz. Kräftige Luftsäcke unterstützen das Deck zusätzlich, wenn das Boot in einer Stromschnelle an einem Hindernis hängenbleibt. Durch die Tatsache, daß das vollgelaufene Boot dank der Auftriebskörper hoch aufschwimmt, verringert sich auch die Gefahr einer Beschädigung an Hindernissen oder Brücken. Es ist sehr wichtig, daß die Luftsäcke gut verzurrt sind, denn das eingedrungene Wasser versucht sie in das Cockpit zu spülen. Zwar hält sie eine straff gespannte Rückenlehne zurück, aber trotzdem sollten die Säkke zusätzlich gesichert sein.

Fußstützen

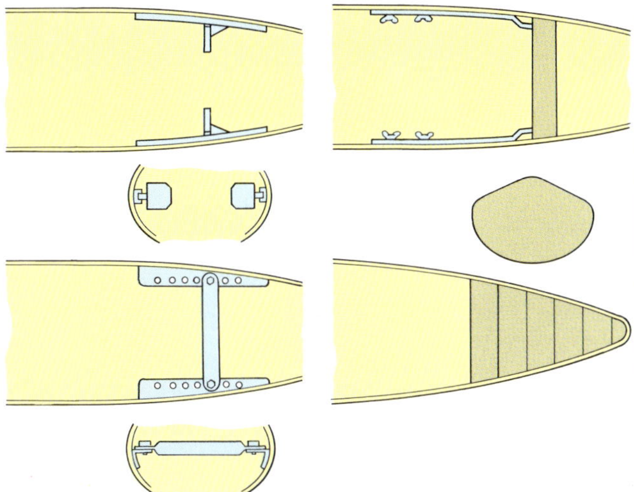

1. Einstellbare Pedalen sind zwar bequem, bieten aber bei einem Aufprall wenig Schutz.

2. Traditionelles System. Die Fußraste ist auf Schienen montiert, auf denen die Einstellung vorgenommen wird.

3. Plattensystem mit Einstellungsbolzen in Cockpitnähe.

4. Schottsystem, der ganze Bugbereich ist ausgeschäumt.

5. Die Drehung des Fußes um die Fußraste bei einem Aufprall, dadurch kann es zu Verletzungen des Fußgelenks kommen.

Fußstützen

Niemals sollte ein Wildwasserpaddler auch nur erwägen, ohne Fußstützen auf Fahrt zu gehen. Sie sind von grundsätzlicher Bedeutung für die Kontrolle des Bootes und für den sicheren Sitz im Cockpit. Sollte das Boot auf ein Hindernis auftreffen, würde der Paddler – ohne Fußstütze – im Vorschiff verschwinden. Die Stützen sollen so eingestellt werden, daß die Beine gespreizt sind, und die Knie bequem an den Kniestützen anliegen. Es lohnt sich, wenn man sich für die Auswahl des optimalen Systems ausreichend Zeit nimmt. Man kann die Fußstützen mit Laufschuhen vergleichen. Sie sind der Punkt, wo die meiste Kraft des Antriebsimpulses anfällt, zusätzlich müssen sie einen Großteil der Energie bei einem Aufprall absorbieren.

Eine Fußraste unterstützt nur den Fußballen. Trifft das Boot mit dem Bug auf ein Hindernis, kann es zu Knöchelverstauchungen und schmerzhaften Bänderverletzungen kommen.

Das Plattensystem unterstützt den ganzen Fuß und verhindert weitgehend die oben beschriebenen Verletzungen. Die Platte hat an der Oberseite eine Schaumauflage, die als Schockabsorber wirkt. Dieses System wird immer benutzt, wenn man Wasserfälle befährt. Dabei kann der Paddler direkt auf einen Felsen stürzen und große Kräfte auf die Fußstütze bringen.

Die Schottfußstützte ist fest eingeklebt oder angebolzt. Für gewöhnlich besteht sie aus einem soliden Block Hartschaum, der in seiner Länge auf die Körpermaße des jeweiligen Paddlers zugeschnitten wurde. Es ist ein schweres aber sehr sicheres System.

Viele Hersteller verwenden das Pedalsystem, weil es sehr bequem und leicht zu verstellen ist. Außerdem muß der Paddler seine Füße korrekt an die Bordwand legen und kann sie nicht in die Mitte schieben. Der einzige Nachteil der Pedale liegt im Fehlen eines schockabsorbierenden Elements.

Handgriffe

Die Handgriffe sind ein wichtiger Teil der Sicherheitsausrüstung eines Kajaks. Ein Schwimmer in den Stromschnellen bleibt am Boot, indem er den Griff ergreift. Ein eingeklemmter Kajak wird von den Helfern mittels des Griffs befreit. Der Griff muß die folgenden Eigenschaften haben:

– Festigkeit (Haltekraft mindestens 500 kp)
– Griffigkeit (mindestens 10 mm ∅)
– Rutschfest (er darf nicht aus der Hand gleiten oder einschneiden)
– Anbringung an den Bootsenden

Schlaufen können sich verdrehen und dabei Finger zerquetschen, obgleich man durch die Benutzung sehr dicken Tauwerks dieses Risiko vermindern kann. Der einzige Vorteil von Schlaufen liegt darin, daß man sie schnell ersetzen kann, wenn sie beschädigt sind.

Knebelgriffe eignen sich hervorragend, um sich an einem Boot in rauhem Wasser festzuhalten. Die Befestigung am Boot aber muß die Belastung aushalten können. Es ist aber schwierig, in Notsituationen an einem Knebel eine Leine anzustecken.

Der sogenannte ›Handgriff‹ hat den Vorteil, daß er gut vom Boot absteht, aber die Finger nicht einquetschen kann. Ein Karabinerhaken kann leicht befestigt werden. Allerdings kann man ›Handgriffe‹ bei GFK-Booten nur schwer ersetzen. Ihre Haltbarkeit ist nach etwa zwei Jahren in Frage gestellt. Viele Kajakfahrer in Britannien und Europa dehnen das Handgriffprinzip noch weiter aus, indem sie Decksleinen spannen.

Die Decksleinen haben folgende Vorteile:

– Man hat über die ganze Deckslänge eine Haltemöglichkeit, das hilft sowohl Schwimmern als auch zu rettenden Personen, die sich an dem nassen, schlüpfrigen Boot festhalten wollen.

– Sehr nützlich, um den Kajak in schwierigen Situationen außerhalb des Flusses zu handhaben, z.B. an steilen Ufern oder Bänken.

– Auch können sich Schwimmer damit an Deck ziehen, um anderen Hilfe zu leisten oder einen Fluß zu überqueren.

Das Hauptargument gegen die Decksleinen ist die Möglichkeit, daß sich in ihnen Sträucher oder Äste verfangen und damit das Boot auf dem Fluß in Schwierigkeiten bringen können. Allerdings kann man das Problem leicht entschärfen, indem man die Deckleine sehr straff spannt. Einige Hersteller sehen auf dem Deck eine Vertiefung vor, in der die Leine geschützt liegt. Es ist von entscheidender Wichtigkeit, daß keine durchlaufenden Decksleinen (also um das Cockpit herum) benutzt werden. Eine solche Leine wird mit Sicherheit für Probleme sorgen.

TRANSPORT DES KAJAKS

Auf sehr kurzen Distanzen wird man den Kajak gewöhnlich wie einen Koffer tragen, nachdem man den Schwerpunkt des Bootes am Cockpitrand gesucht hat. Dieser Punkt liegt gewöhnlich kurz vor der Sitzbefestigung. Für längere Strecken oder in unwegsamen Gelände ist es besser, wenn man das Boot auf die Schulter nimmt, natürlich sollte auch diesmal der Schwerpunkt auf der Schulter liegen. Die Beine sind jetzt frei, so kann man leichter über Felsbrocken steigen oder Abhänge überwinden.

Natürlich kann man sich auch mit einem Partner zusammen tun. Beide nehmen entweder jeweils ein Ende des einen Bootes, oder aber sie tragen beide Boote gleichzeitig auf diese Weise. Einerseits verteilt sich so das Gewicht besser, andererseits kann man sich in schwierigem Gelände nur unbeholfen bewegen. Außerdem widerspricht das dem Selbstverständnis dieses Sports, der auf Eigenleistung aufbaut. Allerdings wäre es dumm, einen voll ausgerüsteten Kajak alleine tragen zu wollen. Unter diesen Umständen ist es weise, sich nach Hilfe umzusehen, um einen schmerzenden Rücken zu vermeiden.

Wenn Sie alleine sind und aus irgendeinem Grund Ihr Boot nicht anheben können, können Sie es immer noch schleppen. Wenn Sie nicht gerade auf Gras oder Heidekraut stehen, lassen Sie es langsam angehen, denn die Kratzer am Rumpf des Kajaks können unangenehme Folgen haben. Man kann sich das Ziehen erleichtern, indem man die Festmacherleine oder eine verkürzte Wurfleine am vorderen Ende des Bootes befestigt – besonders wenn man bergauf ziehen muß. Derselbe Trick kommt zur Anwendung, wenn man steile Abhänge hinabsteigen muß, nur daß man jetzt die Leine am Heck befestigt. Man kann jetzt den Boden vor den Füßen sehen und guten Halt suchen. Ist der Boden über eine längere Wegstrecke steil und glitschig, sollten Sie nicht zögern den Kajak mit Hilfe der langen Wurfleine separat heraufzuziehen oder hinabzulassen. Eine weitere Solomethode, die ich während langer Märsche in den Bergen ausprobiert habe, ist fol-

Zuwasserlassen des Kajaks

Oben: Koffergriff. Wenn man das Boot richtig ausbalanciert hat, ist diese Methode auch bei schweren Booten erstaunlich bequem, allerdings ist sie bei starkem Wind nicht zu empfehlen.

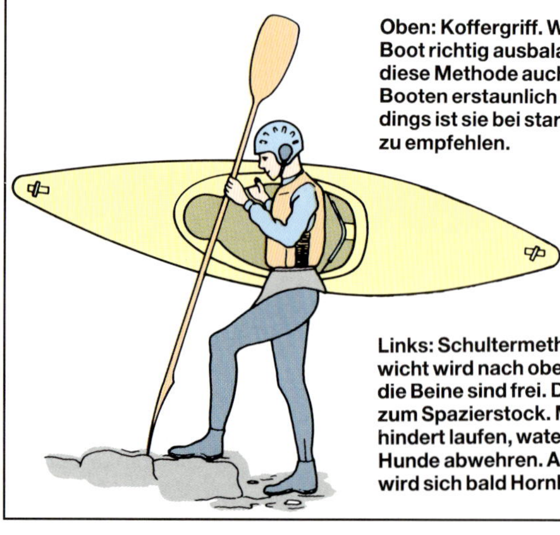

Links: Schultermethode. Das Gewicht wird nach oben verlagert und die Beine sind frei. Das Paddel wird zum Spazierstock. Man kann ungehindert laufen, waten und auch Hunde abwehren. Auf Ihrer Schulter wird sich bald Hornhaut bilden.

gende: Man befestigt eine Schlinge längs über dem Cockpit und trägt das Boot mit dem Kopf. Wenn man sich daran gewöhnt hat und den Kopfbereich gut polstert, ist diese Methode recht komfortabel.

So ziemlich die Hälfte aller Schäden an Kajaks entstehend, wenn sie auf dem Autodach transportiert werden. Ein Teil ist nicht sicher genug gelascht, ein anderer Teil kann als Totalschaden abgeschrieben werden, nachdem er sich von den Dachhaltern unfreiwillig ›abgeseilt‹ hat. Außer den Schäden an den Kajaks ergeben sich Gefahren für Fußgänger und andere Verkehrsteilnehmer! Man sieht aber auch Kajaks, die vom Autodach gehoben werden und von den zu steifen Befestigungsleinen eingebeult und eingedrückt wurden. Besonders Polyäthylenboote bekommen bei hei-

Schultermethode. Dieser Kajak wiegt 19 kg, dieses Gewicht kann man gut auf der Schulter tragen. Fassen Sie das Boot zuerst wie einen Koffer an, dann rollen Sie sich die andere Cockpitseite auf die Schulter.

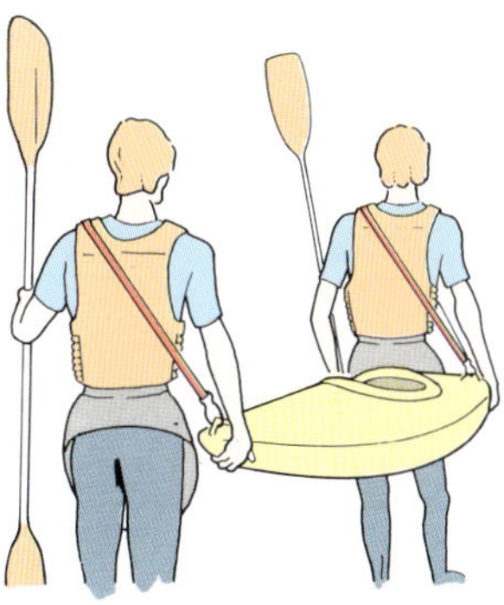

Oben links: Mit einem Partner kann man einen oder auch zwei Kajaks tragen. Eine Tauschlinge kann einen Teil des Gewichts auf die Schulter verlagern. Diese Methode eignet sich am besten für beladene Kajaks.

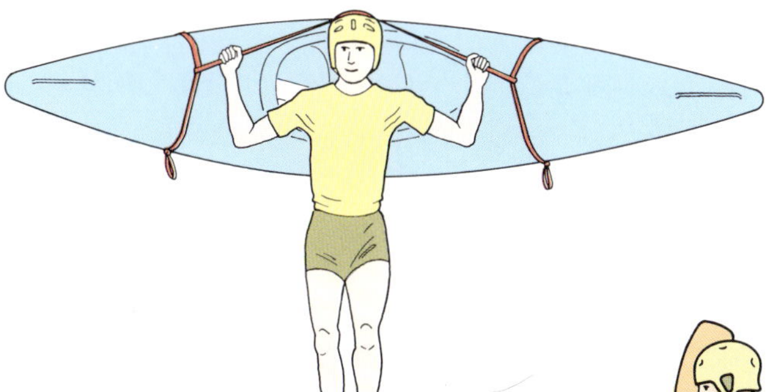

Oben Mitte: Gepäckträgermethode. An diese Transportmethode muß man sich erst gewöhnen. An Engstellen kann man das Boot um 90° drehen. Vorsicht bei böigem Wetter!

Links: Das Ziehen funktioniert am besten in der Horizontalen, vor allem, wenn man eine Tauschlinge benutzt.

Oben: Abschüssiger Boden, lassen Sie das Boot vor sich herunterrutschen, benutzen Sie das Paddel als Stütze. Bei sehr starkem Gefälle sollte Ihnen ein Partner mit einer Hilfsleine einen Teil des Gewichts abnehmen.

Bei diesem langen Transport in den Bergen wurde die Gepäckträgermethode angewendet. Ihr Nacken wird einige Zeit benötigen, um sich daran zu gewöhnen.

ßem Wetter zwei Einbeulungen an den Stellen wo sie auf den Dachträgern aufliegen. Naturgemäß gibt es kein Patentrezept für dieses Problem, denn die sichere Befestigung der Dachlast muß aus den oben genannten Gründen unbedingten Vorrang haben.

Hier sind ein paar einfache Ratschläge:

1. Benutzen Sie den stärksten Dachträger, den Sie bekommen können.

2. Verwenden Sie dickes Tauwerk oder breite Spanngurte zum Laschen.

3. Lernen Sie sichere Knoten zu schlingen. Falls Ihnen das nicht möglich ist, verwenden Sie Spanngurte mit Patentverschlüssen.

4. Geformte Paßteile, die auf die Dachträger geschraubt werden, verringern die Schäden und erleichtern das Beladen.

5. Binden Sie die Enden des Kajaks auf das Auto herunter. Sollten Sie einen Unfall haben, müssen die Dachträgerbefestigungen nicht den ganzen Anprall abfangen.

6. Verschließen Sie auf langen Reisen das Cockpit gegen Regenwasser. Sie haben schon gelesen, was ein teilweise mit Wasser gefüllter Kajak wiegt!

7. Lassen Sie nichts (Schwämme, Luftsäcke usw.) ungesichert im Boot liegen. Entweder holt es Ihnen der Wind oder ein Souvenirjäger heraus. Wenn möglich, besorgen Sie sich ein Schloß für Ihr Boot. Das ist eine Drahtschlinge, die unter der Sitzbefestigung hindurchläuft und am Auto angeschlossen wird.

Viele Paddler reisen mit dem Flugzeug und nehmen ihren Kajak als Gepäck mit. Die meisten großen Flugzeuge können einen Kajak bequem in ihren großen Laderäumen verstauen, allerdings sind die Stauer nicht gerade begeistert. Es hat sich eingebürgert, daß man mit seinem Kajak auf der Schulter ohne Vorwarnung am Abfertigungsschalter erscheint. Es ist für den Menschen auf der anderen Seite des Tresens einfacher ›ja‹ zu sagen als ›nein!‹, deshalb kommt man meist mit dieser Methode durch, und überraschenderweise muß man oft noch nicht mal das Übergewicht bezahlen. Traurige Erfahrung hat mich gelehrt, daß ich die Gepäckabschnitte am Tikket immer daraufhin überprüfe, ob der angegebene Zielflughafen auch der meinige ist.

PERSÖNLICHE SCHWIMMHILFE

Alle Wildwasserfahrer tragen Schwimmhilfen – aus zwei wichtigen Gründen. Für den Fall, daß man in einer Stromschnelle baden geht, hält

die Weste den Körper hoch an der Oberfläche, das aufgewühlte Wasser würde dem Körper nur wenig Auftrieb geben. Der zweite Grund ist, daß die dicke West den Oberkörper vor Verletzungen an Felsen schützt. Die Schwimmhilfe muß so geschnitten sein, daß der Oberkörper alle Dreh- und Beugebewegungen ungehindert ausführen kann, denn darauf basiert die Technik des Wildwasserfahrens. Auch der Kopf muß frei beweglich sein, das Sichtfeld darf nicht eingeschränkt sein.

Die Größe des Auftriebs, den eine Schwimmhilfe hat, ist ein wichtiger Wert für den Wassersportler, weil davon abhängt, wie leicht es ihm fällt den Kopf über Wasser zu halten, wenn er in den Wellen und Turbulenzen einer Stromschnelle seine Schwimmübungen macht. Die International Canoe Federation hat festgelegt, daß alle Wettkampfteilnehmer eine Schwimmhilfe mit 6 kp Auftrieb tragen müssen. Das ist der untere Grenzwert und kaum angemessen für ernsthafte Wildwasserfahrer. Ein Auftrieb von 9-10 ist sicher eher realistisch, denn ein erschöpfter Schwimmer benötigt jedes bißchen Auftrieb, das er bekommen kann, um das Bad im Wildwasser zu überleben. Trägt man einen Naßbiber hat man nochmals 4 kp Auftrieb mehr.

Das Ärgerliche ist, daß der Zuwachs an Auftrieb die Schwimmhilfe auch unförmig werden läßt, was wiederum die Bewegungen des Paddlers behindert. Eine Festschaumweste mit 10 kp Auftrieb ist wohl die Obergrenze

Autotransport mit dem Dachgepäckträger

Ein Kajak übersteht den Transport ganz gut, wenn er entweder auf dem Deck oder auf dem Boden liegt. Die Laschen sollten fest aber nicht zu stramm sein. Benutzen Sie Transportgurte oder gutes, festes Tauwerk mit sicheren Knoten. Natürlich muß der Dachgepäckträger solide konstruiert sein. Für den seitlichen Transport gibt es spezielle Halterungen.

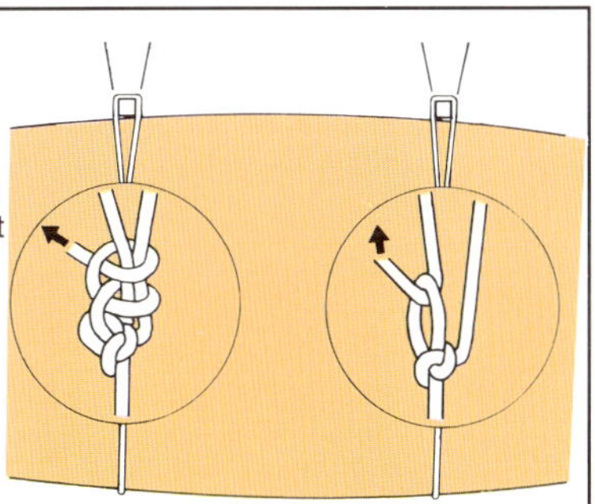

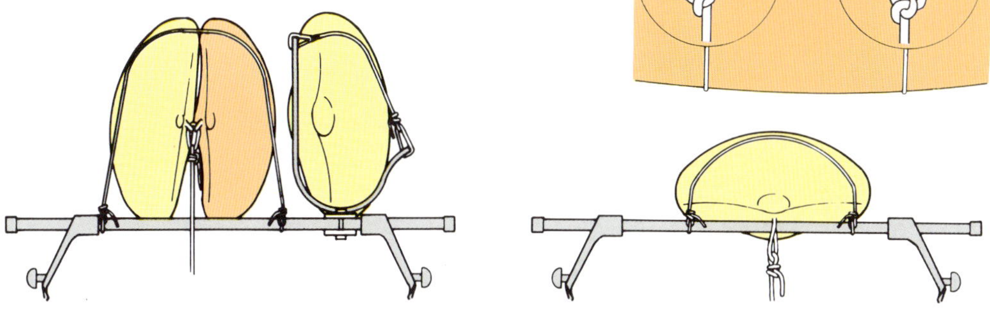

dessen, was ein normal gebauter Paddler vertragen kann.

Nachgeordnete Aufgaben einer Schwimmhilfe sind:

- Eine Unterkühlung des Körpers zu vermeiden.
- Rettern eine Zugriffsmöglichkeit zu geben.
- Unterbringung einfacher Sicherheitsausrüstung, z.B. eines Federmessers.

Einige Westen haben einen Reißverschluß, der das Anlegen vereinfacht, andere muß man über den Kopf streifen. Die ständige Belastung beim Anlegen und Abstreifen beschädigt mit der Zeit die Nähte des letztgenannten Typs, aber solange man diese Schwachstelle im Auge behält, sind sie sehr sicher.

Tragen der Weste

Die Schwimmhilfe sollte zweckmäßigerweise auf der anderen Kleidung getragen werden. Es ist wichtig, daß sie stramm anliegt, unter den Armen und über der Brust darf kein Spielraum sein. Der Verschluß muß gut festgezogen werden, damit er sich nicht unbeabsichtigt öffnen kann. Wie wichtig der richtige Sitz der Weste ist, kann gar nicht oft genug betont werden. Sie sollten mit der Weste schwimmen, um zu überprüfen, ob alles wirklich stimmt. Westen mit mehreren verstellbaren Gurten ermöglichen Ihnen die optimale Einstellung auf Ihre Körperform. Ein stabiler Gurt mit einem Patentverschluß ist immer einer Nylonkordel vorzuziehen.

Schließlich sollte die Schwimmhilfe keine heraushängenden Taschen haben, die sich mit Wasser füllen oder in denen sich Äste verfangen können. Sie sollte so glatt und stromlinienförmig wie möglich sein.

Überalterung

Alle bekannten synthetischen Materialien unterliegen von Anfang an einem natürlichen Alterungsprozeß. Die

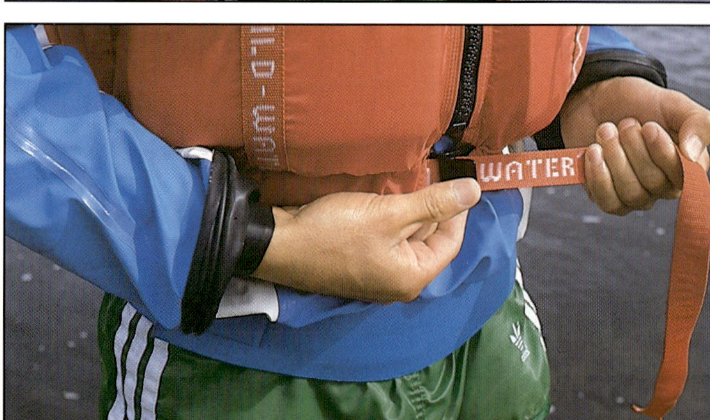

Oben: Diese Schwimmhilfe liefert 10 kp Auftrieb. Der Brustgurt dient zum einen dazu, Rettungsleinen zu befestigen, zum anderen sorgt er aber auch für einen strammen Sitz der Weste.

Unten: Die Auftriebshilfe ist um die Hüfte mit einem Gurt befestigt, der über einen Schnellverschluß verfügt. Die häufig verwendete Befestigung mit Tauwerk hat den Nachteil, daß sich der Knoten schlecht lösen läßt.

Auftriebskörper in Ihrer West bilden da keine Ausnahme. Der wasserabweisende Schaum verliert pro Jahr etwa 3 % seiner Tragfähigkeit. Aus diesem Grund sollten Sie Ihre Schwimmhilfe ungefähr alle drei Jahre erneuern, damit Sie sich sicher fühlen können.

DER HELM

Ein guter Helm zum Wildwasserpaddeln sollte folgende Eigenschaften haben:
– Stirn und Schläfen müssen geschützt werden.
– Er muß aus widerstandsfähigem Material bestehen, das Einwirkungen im Wasser und an Land aushalten kann. Als Materialien kommen z.B. Polyäthylen- und Polypropylenschalen in Frage.
– Er muß gut sitzen, d.h. er darf weder seitwärts noch hoch oder runter rutschen.
– Er muß eine Schaumeinlage haben, die einen heftigen Aufprall abschwächt.
– Ein starker Kinnriemen muß ihn sicher in Position halten.

Immer wenn ein Paddler kentert, kommt sein Kopf dem Grund gefährlich nahe. Daher ist es nicht ungewöhnlich, daß man dabei nähere Bekanntschaft mit einem Felsen oder rauhen Kieselsteinen macht. Ein guter Helm sorgt dann dafür, daß es keine Probleme gibt.

Wie Sie der obigen Auflistung entnehmen können, ist es nicht ausreichend, daß man einen hübsch gestylten Helm trägt, er muß in erster Linie perfekt sitzen! Um dieses Ziel zu erreichen, muß man meistens eine Vielzahl von Helmen anprobieren. Die Form des menschlichen Kopfes ist sehr unterschiedlich, daher ist es der Alptraum jedes Designers ein Schutzsystem zu entwerfen, das auf alle Köpfe passen soll. Sollten Sie einen Helm mit Schaumeinlage haben, kann es sinnvoll sein, Schaumstücke einzukleben und diese dann mit einem scharfen Messer so zurechtzuschneiden, daß ein perfekter Sitz (und Schutz) erreicht wird. Die Zeit, die man mit solchen Vorbereitungen verbringt, ist immer eine gute Investition.

Viele Helme haben Löcher in der Schale. Falls Sie mal in einem warmen Revier bei heißem Wetter unterwegs sind, werden sie diese Löcher als Ventilationshilfen schätzen lernen. Auf der anderen Seite schwächen die Löcher die Festigkeit des Helms und bringen Kälte an den Kopf. Als Wasserabläufe sollten die Löcher nicht dienen, da der Helm so eng anliegen muß, daß kein Wasser eindringen kann. Ist es Winter und kalt, dann kleben Sie die Löcher einfach zu, so behalten Sie einen warmen Kopf.

Kinnschützer

Ich würde Ihnen empfehlen, keinen Kinnschützer zu benutzen. Tests haben ergeben, daß sie den Angriffswinkel des Kinnriemens verändern, der Helm neigt eher zum Verrutschen nach hinten. Der Riemen sollte parallel zum aufwärtszeigenden Teil des Unterkiefers verlaufen. Ein Kinnschützer kann abrutschen und schwere Verletzungen am Mund verursachen.

Manche Helme haben einen zusätzlichen Gurt, der hinten in der Mitte des Helmes ansetzt und unter dem Ohr nach vorne läuft. Er soll die Bewegung des Helms nach vorne und hinten verhindern und Drehbewegungen reduzieren. Es ist aber sehr wichtig, daß dieser Riemen mit dem Kinnriemen sicher verbunden ist. Bei einigen Helmen besteht die Verbindung leider nur aus einem dünnen Kunststoffplättchen. Sie können diese Verbindung aber leicht selber verstärken.

DAS SPRITZDECK

Auch das Spritzdeck ist ein wichtiges Teil der Sicherheitsausrüstung, das zudem für den Komfort entscheidende Bedeutung hat, weil es das Wasser draußen und die Wärme drinnen hält. Es darf einerseits unter dem Gewicht einer erheblichen Wassermenge nicht verrutschen, andererseits muß es im Notfall schnell zu lösen sein. Beide Forderungen scheinen schwer vereinbar zu sein; die Lösung des Geheimnisses liegt in der Auswahl des richtigen Materials.

Neoprene, das Material aus dem Taucher- und Surfanzüge gefertigt werden, hat sich für Spritzdecks außerordentlich gut bewährt. Die natürliche Festigkeit des Materials verhindert ein Durchhängen, wenn darauf Wasser steht. Voraussetzung ist, daß das Deck stramm über den Rand des Cockpits gespannt wurde. Die Körpermanschette dehnt sich und folgt den Bewegungen des Oberkörpers. Ein hochwertiges Spritzdeck hat absolut wasserdichte Säume, das ist auch notwendig, wenn man lange Fahrten im weißen Wildwasser macht.

Das Deck wird am Rand des Cockpits mittels einer der drei Systeme verbunden, die in der Abbildung gezeigt werden. Die erste Methode ist unschlagbar, was die Dauerhaftigkeit angeht, weil man immer wieder ein neues Gummi in den Saum einziehen

Ein schlechter Helm. Die Schläfen sind völlig ungeschützt, außerdem ist die Form so schlecht, daß er nicht richtig am Kopf anliegt.

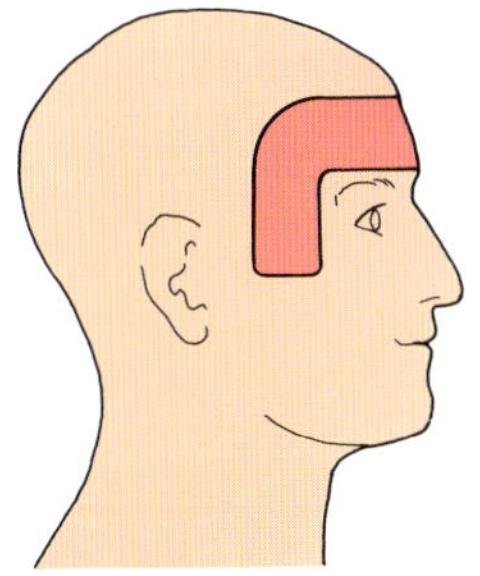

Die Stirn und die Nase sind die am meisten gefährdeten Stellen.

Ein guter Helm. Die Schläfen sind gut geschützt, der Helm ragt deutlich über die Stirn heraus, daher hat auch die Nase einen gewissen Schutz.

kann. Zweifellos liefert die dritte Methode die beste Abdichtung des Cockpits, besonders bei Polyäthylenbooten, die immer schwer abzudichten sind.

Das Spritzdeck sollte das Cockpit absolut dicht machen, egal von welcher Seite es belastet wird, z. B. kann das Wasser den Kajak so zusammenpressen, daß ein Überdruck im Inneren entsteht, der das Spritzdeck wegdrücken will. Das ist schon vielen Paddlern in sehr rauhen Gewässern passiert. Wem mitten in einer Stromschnelle aus diesem Grund das Boot vollschlägt, wird in der Regel seine gute Laune verlieren, es sei denn, er gehört zu den ganz Unerschütterlichen! Einige Spritzdecks verfügen über eine Antiimplosionsstange, die das Cockpit überspannt. Sie verhindert eine Überlastung des Materials, besonders bei der großen Fläche des Sicherheitscockpits. Aber nach dem Kentern kann sie hinderlich sein, besonders weil das Risiko besteht, daß sie sich hinter Felsen verhakt.

Hochwertige Spritzdecks sitzen so fest am Cockpit, daß sie nur mit einem kräftigen Ruck an der *Reißleine* gelöst werden können. Die Reißleine kann unterschiedliche Formen haben. Eine davon ist z. B. eine Schlaufe, die an der Vorderseite des Decks angenäht ist. Ein Stück Gurtband mit einem Knebel erfüllt den selben Zweck. Andere verlängern den Gummizug, der im Saum der Abdeckung verläuft, nach vorne und schlingen Knoten hinein, damit sie einen sicheren Zugriff haben. Wichtig ist, daß die Reißleine so fest angenäht ist, daß man sie im Ernstfall nicht abreißen kann! Man sollte sie an der Unterseite des Spritzkleides anbringen, damit sich das Spritzdeck unter Zug vom Rand des Cockpits abrollt. Üben Sie das ›Ziehen und Anheben‹ in einer fließenden Bewegung, dadurch wird die Naht nicht so belastet und reduziert den Verschleiß des Saums.

Spritzverdecke

Unterschiedliche Säume:
Ein Gummiband ist in eine Doppelung eingenäht.

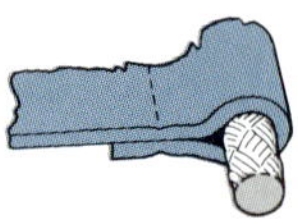

Das Gummiband ist direkt mit dem Stoff vernäht.

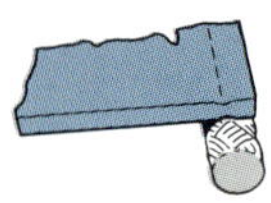

Ein breiter Gummistreifen ist auf den Stoff geklebt, das ergibt eine sehr stramme Verbindung mit dem Cockpitrand.

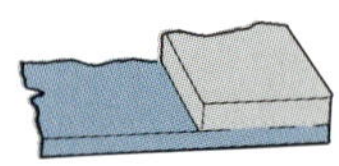

Unten: Teile des Spritzverdecks Kamin Teller Aufreißschlaufe

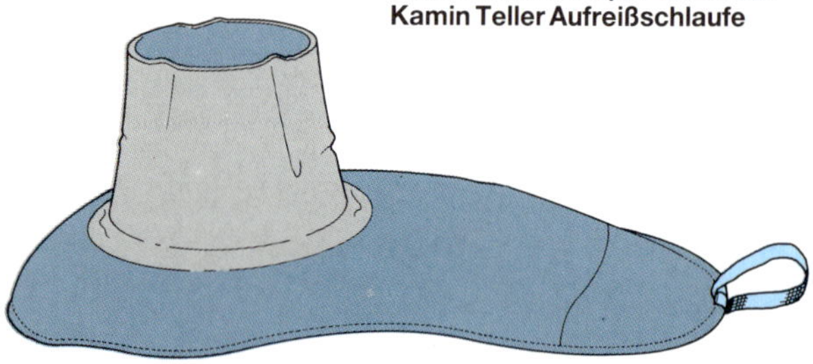

Unten: Eine Unterdrucksicherung, die quer über das Cockpit verläuft.

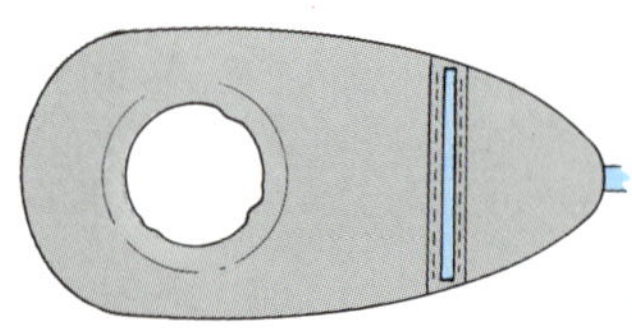

Aufreißschlaufen

Unten: Die günstigste Position für die Aufreißschlaufe ist vorne.

Unten: Das Band sollte an der Unterseite befestigt werden, damit es herausrollen kann, wenn man daran zieht.

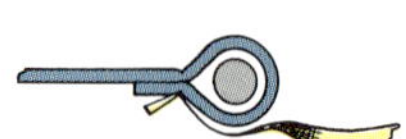

Unten: Eine Schlinge erleichtert das Ziehen, wenn die Finger steif und kalt sind.

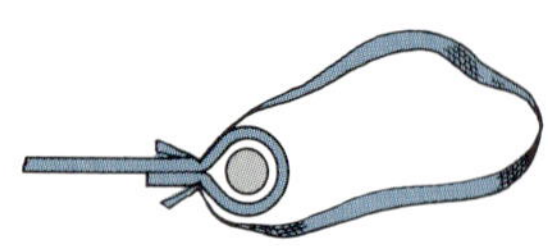

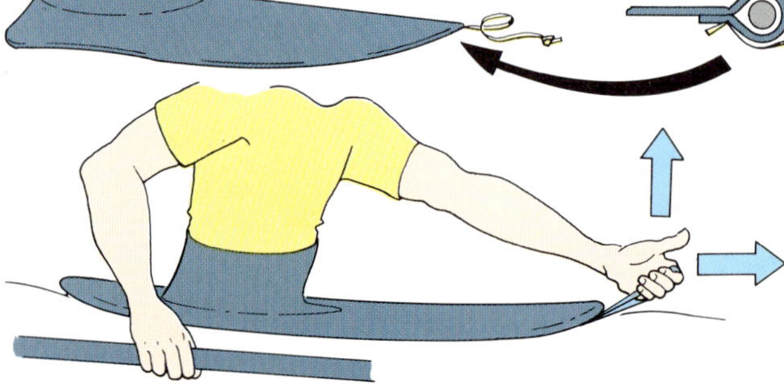

Links: Führen Sie zwei Bewegungen durch, wenn Sie das Spritzverdeck öffnen wollen: Ziehen Sie zuerst nach vorne und dann nach oben. Es dauert vielleicht etwas länger, erfordert aber weniger Kraft.

BEKLEIDUNG

Viele Unfälle im Wildwasser enden mit Unterkühlung oder haben sogar ihre Ursache darin. Dabei handelt es sich um ein Krankheitsbild, das durch einen Abfall der Körpertemperatur gekennzeichnet ist. Die Folgen sind schwerwiegend, im schlimmsten Fall sogar tödlich.

Die Unfähigkeit des Körpers, seine normale Arbeitstemperatur aufrechtzuerhalten, kann seinen Grund in Erschöpfung oder einer langsamen Auskühlung über einen Zeitraum von mehreren Stunden haben. Ein weiterer Grund kann der Einbruch sehr kalten Wassers in das Boot sein. Alle diese Möglichkeiten bestehen beim Wildwasserpaddeln, aber die größte Gefahr droht dem Sportler, wenn er ins Wasser fällt. Wenn er lange in Schmelzwasser, dessen Temperatur gerade über dem Gefrierpunkt liegt, schwimmen muß, kann er schon nach kurzer Zeit das Bewußtsein verlieren, weil er sehr schnell auskühlt. Aus diesem Grund muß man sich ernsthafte Gedanken über die richtige Bekleidung machen, die für den anstehenden Trip zweckmäßig ist.

Die Jacke

Die Jacke ist der Windschutz für den Oberkörper. Sie muß hinreichend flexibel sein und gut geschnittene Ärmel haben, damit der Paddler ungehindert die Arme über dem Kopf bewegen kann. Wenn möglich, sollte die Jacke wasserdicht sein. Die teuren Modelle haben Latexmanschetten am Hals und an den Armen, einfachere Modelle begnügen sich mit Neoprenmanschetten. Neopren ist auch ein völlig ausreichendes Material, weil es ein guter Isolator ist und ausreichend stramm anliegt, um das meiste Wasser draußen zu halten. Das wasserdichte Material der Jacke muß von guter Qualität sein, weil die harte Beanspruchung billige Ware schnell verschleißt. Neopren – Stärke 150 gr Nylon – ist ein brauchbares Material. Vergewissern Sie sich, daß die Manschetten gut sitzen, sollte die Krageöffnung zu groß sein, füttern Sie sie mit Velcro aus, damit Sie die Jacke an wirklich kalten Tagen fest verschließen können.

Der Naßbiber und der Trockenanzug

Unter der Jacke kommt das Spritzdeck und dann die nächste Bekleidungslage. Sollte die Möglichkeit bestehen, daß man in kaltem Wasser schwimmen muß, dann ist ein Naßbiber die erste Wahl, wenn man sicher gehen will, daß die Körpertemperatur erhalten bleibt. Der Naßbiber bietet eine gute Wärmedämmung, erzeugt zusätzlichen Auftrieb und schützt die Beine und Arme gegen Abschürfungen, wenn man im flachen Wasser watet oder schwimmt. Kajakfahrer bevorzugen ärmellose Anzüge von ca. 3 mm Materialstärke, damit liegen sie an der unteren Grenze des Neoprens. Der Grund liegt in der geringen Beeinträchtigung der Körperbewegungen. Viele Paddler in Deutschland und Österreich benutzen im Winter und im Frühjahr noch immer Naßbiber mit langen Armen. Die Fortschritte, die bezüglich der Qualität des Materials gemacht wurden, dürften eine große Hilfe für diese braven Seelen sein.

Sollten Sie sich für einen ärmellosen Anzug entschieden haben, ist die Wahl schwer, was Sie dazu tragen wollen, besonders dann, wenn Ihre Jacke nicht völlig wasserdicht ist. Unterwäsche aus Polypropylen ist ideal unter einem Neoprenanzug zu tragen, weil sie sehr dünn und elastisch ist. Die Kunststoffasern nehmen keine Feuchtigkeit auf, folglich bleibt die Wäsche auch im nassen Zustand leicht und verrutscht nicht. Sie trocknet schnell, weil das Wasser durch die Schwerkraft nach unten abläuft, da-

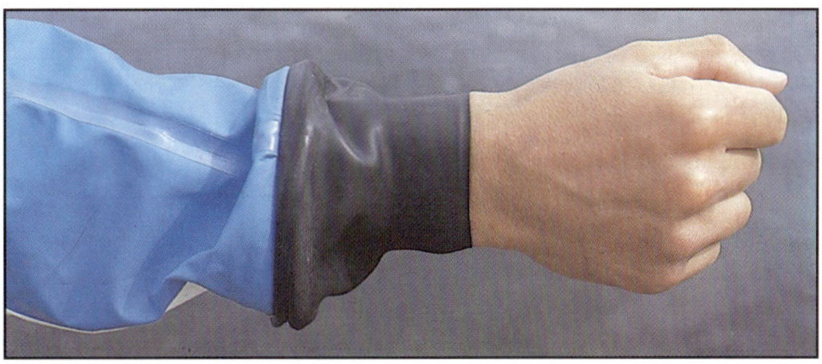

Oben: Diese Bekleidung ist so geschnitten, daß Sie sich völlig frei bewegen können.

Unten: Eine ›wasserdichte‹ Manschette. Behandeln Sie sie vorsichtig, denn sie kann leicht einreißen.

durch wird auch der Wärmeverlust des Körpers durch Verdunstung reduziert. Da Bekleidung aus Polypropylen wenig Platz beansprucht, kann man mehrer Reservegarnituren mitführen, die man bei Bedarf zusätzlich anziehen kann. Andere synthetische Materialien, wie z.B. Polyester werden in Geweben verarbeitet, die noch bessere Isolationseigenschaften haben. Als Beispiel sei der Faserpelz erwähnt, der zwar deutlich sperriger ist, aber bei kaltem Wetter ein hervorragendes Kleidungsstück ist. Wie alle synthetischen Materialien ist auch die Polyesterbekleidung schnell zu trocknen und haltbar, was für den Paddler ein Kernpunkt ist.

Trockenanzüge werden auch gerne benutzt, besonders wenn der Paddler sich bei niedriger Lufttemperatur außerhalb seines Kajaks bewegen muß. Es ist wichtig, daß vor dem Ablegen die Luft aus dem Anzug gepreßt wird, denn wenn sich Luft in den Hosenbeinen sammelt, kann das einen Schwimmer ernsthaft behindern. Ein Trockenanzug ist beim Paddeln sehr angenehm, erschwert aber das Urinieren unterwegs. Die Manschetten an den Handgelenken, Fesseln und am Hals sind empfindlich und erfordern viel Aufmerksamkeit und Pflege damit sie nicht einreißen.

Bekleidung aus Wolle und Baumwolle

Baumwolle ist im nassen Zustand ein denkbar ungeeignetes Material, weil es ein schlechter Isolator ist. Sie entzieht dem Körper zum Trocknen Wärme und kommt außer Form, wenn sie länger feucht ist, außerdem verrottet dann die Bekleidung. Im Gegensatz dazu ist Wolle eine natürliche Faser, die der Kajakfahrer nicht verachten sollte. Obwohl sie viel Platzbedarf hat und nur langsam trocknet, hat sie andererseits hervorragende Wärmeeigenschaften, die sie auch naß kaum verliert. Viele Seefahrer der Vergangenheit verdanken ihr Überleben in nasser Kleidung den guten Eigenschaften der Wolle. Dünne, wollene Unterwäsche, getragen unter einem Naßbiber ist bei kaltem Wetter eine wahre Wohltat. Garne, die aus sehr feinen Fasern bestehen rufen auch kein unangenehmes Kratzen auf der Haut hervor, über das manche Leute klagen. Mischgewebe, die aus Wolle und Polypropylen bestehen, vereinigen die Widerstandsfähigkeit und Formtreue der synthetischen Faser mit der Weichheit und Wärmeisolierung der Wolle.

Schuhwerk

Beim Kajakfahren muß man notgedrungen viel auf Straßen laufen, über Geröll und Felsen klettern und im Schlamm herumwaten. Für ein paar gute, solide Neoprenschuhe gibt es keinen Ersatz. Die Fußpartie sollte aus festem geformten Material bestehen, und in einen Neoprenschaft übergehen. Dieser Schuh schützt die Füße, wenn man im Fluß hinter dem vollgelaufenen Boot hinterher stolpert. Man kann mit ihm auch einen 15 km-Marsch absolvieren, um den Abtransport des Bootes zu organisieren, aber er ist auch flexibel genug, um damit wirksam zu schwimmen.

Die traditionelle Fußbekleidung des Kajakfans besteht aus Neoprensokken und übergroßen, ausgelatschten Turnschuhen. Das mag zwar sehr lässig aussehen, kann dem Träger aber in schwierigen Situationen viel Ärger bereiten.

Rechts: Ein ärmelloser Neoprenanzug von etwa 3 mm Stärke. Derartige Anzüge sind beim Wildwasserpaddeln sehr beliebt.

Unten: Eine Weste aus Polypropylen. Eine ideale Bekleidung für den Kajak, denn das Gewebe ist sehr elastisch. Es beutelt nicht, wenn es naß wird und trocknet sehr rasch. Sobald man es ein paar Wochen getragen hat, nimmt es einen spezifischen, unverwechselbaren Geruch an. Während der kalten Jahreszeit kann man einen leichten Pullover darüber tragen.

Handschuhe

Der Kajakfahrer muß mit dem Paddel Hautkontakt haben, damit er das ›Gefühl‹ nicht verliert. Gutes Material schützt den Handrücken, läßt aber die Handfläche frei. In wirklich kaltem Klima haben sich gefütterte Handschuhe gut bewährt. Für das Futter werden verschiedene leichte synthetische Materialien verwendet.

PADDEL

Das Paddel muß beim Wildwasserfahren die folgenden Eigenschaften haben:

– Die Blätter müssen so stabil sein, daß sie Schläge gegen Felsen aushalten können. Besonders gefährdet sind die Kanten.
– Der Schaft muß so massiv sein, daß man sich mit dem ganzen Gewicht darauf abstützen kann.
– Dort, wo die Hände das Paddel greifen, muß der Schaft oval geformt sein.
– Es darf keine scharfen Kanten und Ecken haben, die sich in Felsspalten verklemmen können.

Der Wildwasserfahrer wird sich meistens auf flachen, felsigen Flüssen bewegen, aus diesem Grund müssen die Paddel die harten Beanspruchungen aushalten können, die diese Reviere mit sich bringen. Auf vielen alpinen und britischen Gebirgsflüssen muß sich der Paddler mehr auf Felsbrocken abstützen als im Wasser. Als Ergebnis dieser Anforderungen hat das erfolgreichste Paddel ein Blatt in Kompositbauweise und einen Aluminiumschaft. Die Blätter bestehen aus glasfaserverstärktem Kunststoff, der auf einen Aluminiumrahmen gepreßt wurde. Das Paddel ist außergewöhnlich widerstandsfähig, und obwohl es schwerer als andere Konstruktionen ist, gibt es dem Paddler ein Gefühl der Sicherheit. Befährt man tiefe, reißende Flüsse kann man leichtere Paddel aus Glas- oder Kohlefaser benutzen. Hölzerne Paddel liegen warm und federnd in der Hand; sie sind ein Genuß

Ein Trockenanzug, das ist die ideale Winterbekleidung. Der Nacken, die Hand- und Fußmanschetten bestehen aus dünnen Gummi. Festverbundene Fußteile sind nicht praktisch, weil Wasser unbeabsichtigt in den Anzug eindringen und dann nicht abfließen kann. Der Anzug wird mit einem wasserdichten Reißverschluß über dem Rücken verschlossen.

während der Benutzung, erfordern aber viel Pflege danach.

Die Blätter des Paddels sind über die ganze Länge gekrümmt, um im Wasser eine gute Angriffsfläche zu haben. Diagonal Krümmungen der Blätter (›Löffelblatt‹) verbessern die Hebelwirkung, werfen aber Probleme auf, wenn das Blatt seitlich geführt wird, was eine übliche Bewegung ist. Ein ›löffelförmiges‹ Blatt neigt dann dazu, sich in einem Bogen zu bewegen – und das ist sicher nicht beabsichtigt.

Es gibt eine Faustformel, die Ihnen hilft die richtige Länge des Paddels zu bestimmen. Stellen Sie das Paddel aufrecht hin, jetzt sollten sie die Kante des oberen Blatts gerade mit den Fingern umfassen können. Sie werden sehr schnell merken, wenn Ihr Paddel die falsche Länge hat. Ist der Schaft zu lang, taucht das Blatt zu tief ein und es ist schwierig das Blatt aus dem Wasser zu bekommen. Ihre Schlagzahl wird niedrig sein. Sollte der Schaft zu kurz sein, taucht nicht das ganze Blatt ins Wasser ein.

AUSRÜSTUNGSBEHÄLTER

Die Sachen, die Sie mit in den Kajak nehmen möchten, reichen von der Kamera über die Campingausrüstung bis zur Verpflegung für eine Langfahrt. Sie können im Boot etwa genauso viel unterbringen wie in einem großen Rucksack für Bergexpeditionen, seien Sie deshalb bei der Auswahl der Ausrüstung sehr wählerisch.

Das große Problem liegt darin, die Ausrüstung trocken zu halten. Es gibt zwei Möglichkeiten der Unterbringung:

1. Feste oder halbfest Plastikcontainer mit wasserdichten Verschlüssen:

Man erhält sie in allen denkbaren Formen und Größen. Sie sind für gewöhnlich sehr haltbar und eignen sich besonders für den Transport empfindlicher Gegenstände, wie z.B. Kameras, Filme, Reparatursätze für GFK

Oben: Paddelhandschuhe, wie sie heutzutage viel benutzt werden. Die Handoberfläche ist geschützt und warm, aber trotzdem bleibt der ›Paddelkontakt‹ erhalten.

Rechts: Diese Handschuhe sind mit zusätzlichem Isoliermaterial ausgekleidet, bei kaltem Wetter sind sie vorzüglich.

Rechts: Neoprenschuhe mit halbhohen Stulpen. Das ausgeformte Fußbett gibt dem Fuß einen guten Halt, und im Winter ist die Wärmedämmung von entscheidender Wichtigkeit. Die Schuhe sind viel haltbarer als die üblichen. Wenn man in einer windstillen Nacht campiert, sollte man sich in der Nähe der trocknenden Schuhe aufhalten, dann wird sich einem eine ganze neue Welt der Düfte erschließen!

und die Bordapotheke.

2. Wasserdichte Säcke:

Bekleidung, Zelte und Schlafsäcke passen dort prima hinein. Die Säcke lassen sich gut in die Ecken des Kajaks pressen. Mehrere kleine Säcke sind einem großen Sack vorzuziehen, damit man das Gewicht besser verteilen kann. Nylonsäcke, die mit Gummibändern verschlossen werden, haben sich als gute, billige Methode bewährt. Teure Säcke aus hochwertigem Material mit Schnellverschlüssen erleichtern das Packen durch ihre einfache Handhabung. Es ist wichtig, daß man die Säcke oder Container farbig markiert, damit man schnell an trockene Kleidung, die Verpflegung oder den Erste-Hilfe-Kasten herankommt.

Eine Kombination aus flexiblen Kunststoffsäcken und festen Behältern ist empfehlenswert.

Das Boot sollte so beladen werden, daß schwere Gegenstände, wie z.B. der Campingofen oder Brennstoff, nahe am Cockpit gestaut werden. Das hält das Gewicht von den Bootsenden fern und erleichtert das Manövrieren des schweren Bootes etwas. Das

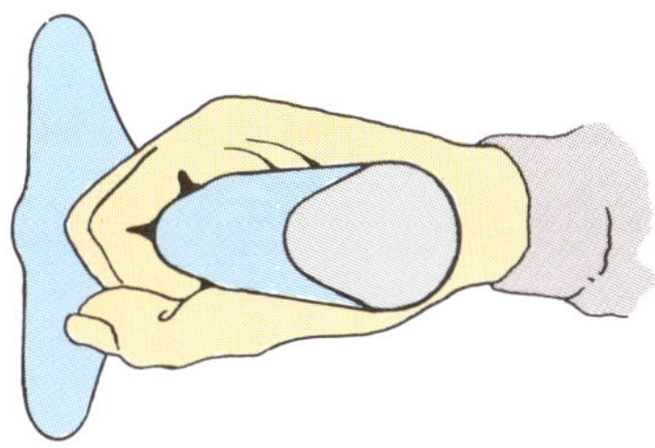

Elliptische Paddelschafte

Für das Wildwasserpaddeln sind entsprechend geformte Paddelschafte ein ›Muß‹. Die Hand findet die richtige Position, ohne daß man hinsehen muß.

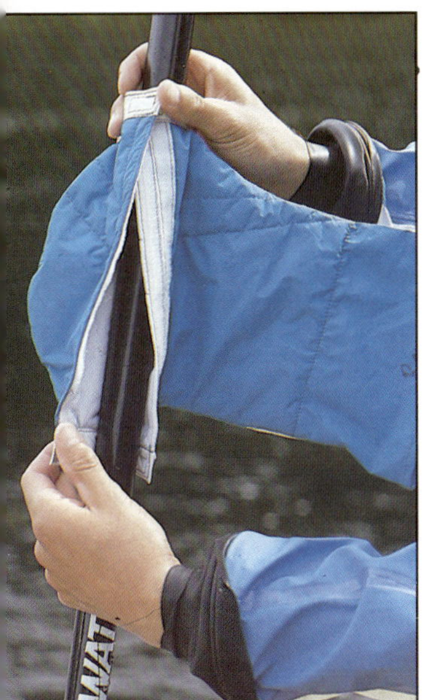

Unten: Kajakpaddelblätter. *Von links nach rechts:* Wildwasserpaddel aus Kompositwerkstoffen, hölzernes Paddel, asymmetrisches Rennpaddel, Allroundpaddel für das Wildwasser mit GFK-Blatt und Aluminiumschaft. Die Paddel entsprechen den Anforderungen im Wildwasser, sie haben kräftige Blätter und ihre Schäfte halten den Belastungen stand, denen sie zwangsläufig ausgesetzt sind. Der elliptische Schaft, der alle guten Paddel auszeichnet, ist in der Skizze weiter oben dargestellt.

Um die richtige Länge des Paddels herauszufinden, stellen Sie es neben sich auf und versuchen dann, das Blatt gerade noch mit den Fingerspitzen zu umfassen.

Cockpit muß frei bleiben. Alle Ausrüstungsbehälter müssen im Boot gesichert werden. Nur wenn man den Raum hinter dem Sitz ausstopft, kann man sicher sein, daß die Ausrüstung hinten im Boot an ihrem Platz bleibt.

Die Ausrüstung, die man vor der Fußstütze im Boot verstaut hat, ist dort gut aufgehoben. Denken Sie beim Beladen an den Trimm des Bootes. Müssen Sie ein Ende stärker belasten, dann trimmen Sie das Boot lieber hecklastig als kopflastig.

Lassen Sie niemals zu, daß jemand anders Ihre trockene Kleidung oder den Schlafsack in seinem Kajak transportiert (Ausnahme: Sie haben ein Begleitboot). Bedenken Sie auch, daß das Boot mit dem zusätzlichen Gewicht schwerfälliger reagiert, allerdings erhöhen die wasserdichten Behälter und Säcke den Auftrieb, im Falle einer Kenterung kann nur wenig Wasser ins Boot laufen.

REPARATUREN AM KAJAK

Einer der wesentlichen Nachteile der modernen Polyäthylenkajaks ist, daß sie sehr schwierig zu reparieren sind, wenn der Rumpf ein Loch bekommen hat. Die meisten Hersteller haben ein Herstellungssystem entwickelt, mit dem sie *fast* unzerbrechlichen Kunststoff herstellen. Das gilt besonders für Kajaks, die in einer Vakuumform entstehen. Ihr Rumpf ist sehr hart und glatt. Trotzdem kann die Außenhaut ein Leck bekommen, wenn sie über einen spitzen Felsen oder eine scharfe Klippe rutscht. Auch wird der Kunststoff mit der Zeit spröde, z.B. unter dem Einfluß von Sonnenlicht. GFK-Kajaks sind leicht zu reparieren, wenn man einen harzgetränkten Flicken benutzt. Die Reparatur muß bei trockenem, warmem Wetter durchgeführt werden.

Für provisorische Reparaturen am Ufer des Flusses benutzt man das berühmte ›Kajaktape‹. Wie viele andere Paddler habe ich mit diesem Klebeband schon Lecks abgedichtet, Paddelschäfte repariert, Blasen geklebt, Handgelenke umwickelt und Zeltstangen zum Halten gebracht. Ein Paddler ohne ›Tape‹ ist unvorstellbar. Wie man es schafft, daß das Kajaktape an einem verregneten Tag auf dem nassen Rumpf hält, ist eine andere Geschichte, die von Versuchen mit Lötlampen, Treibholzfeuern und hektischen Massagen der betroffenen Fläche handelt. Eine andere Methode, die allerdings den Ästheten wenig befriedigt, ist die Benutzung von Mastixband, wie es Klempner für kurzzeitige Reparaturen an Wasserleitungen verwenden. Die Methode ist sehr wirkungsvoll, wenn man das Loch innen und außen abklebt. Der Umgang mit dem klebrigen, dauerelastischen Band ist nicht sehr angenehm, aber es erfüllt seinen Zweck und ist wiederverwendbar. Ich vermute, daß es ungenießbar ist.

Ausrüstungsbehälter

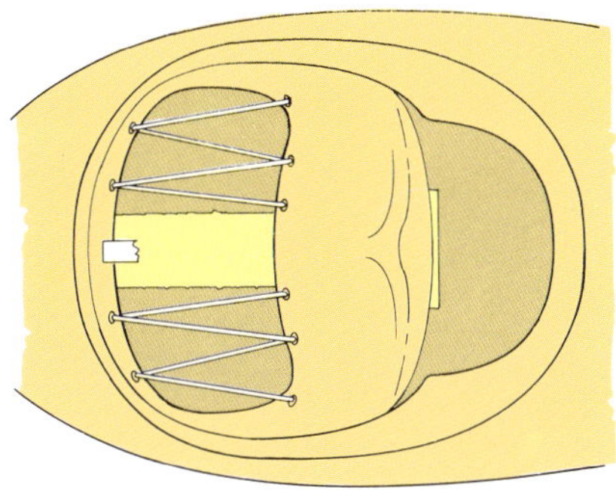

Oben: Wenn man den hinteren Teil des Cockpits mit Nylonleine oder Gummistropps überspannt, sind dadurch erstens die Luftsäcke gesichert und zweitens die Ausrüstungbehälter gelascht. Probieren Sie verschiedene Methoden aus, aber halten Sie sich an die einfachen.

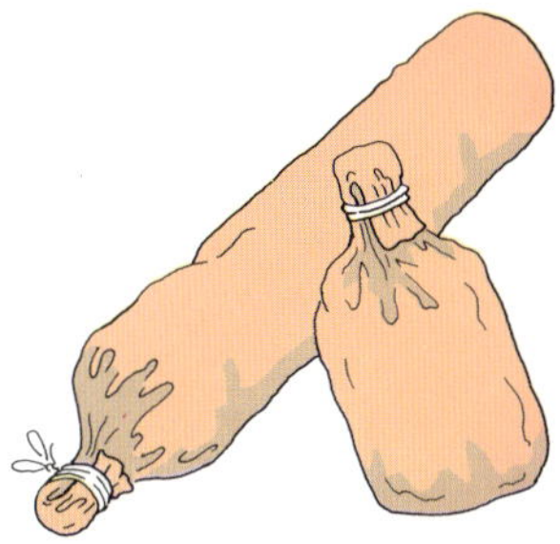

Oben: Wasserdichte Verpackungen. Weiche Nylonsäcke mit Kunststoffleinen sind weit verbreitet, weil sie sich so gut verstauen lassen.

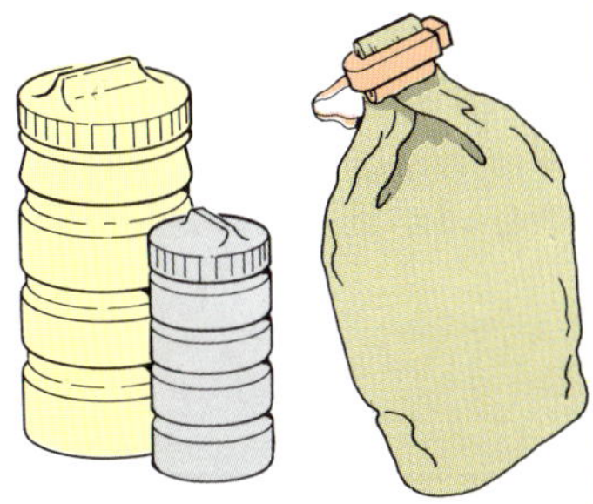

Oben: Feste Plastikcontainer eignen sich gut für die empfindliche Fotoausrüstung oder scharfkantige Dinge, wie den Ofen.

ZWEITES KAPITEL

VERSTÄNDNIS FÜR DAS WILDWASSER

Bevor man auf einen Fluß hinausfährt, der einem völlig unbekannt ist, wird man vom ›Lampenfieber‹ geschüttelt. Voller Spannung entdeckt man die Geheimnisse, die hinter jeder Biegung und in jeder Stromschnelle liegen. Auf bekannten, heimischen Revieren lernt der Kajakpaddler immer neue Wellen kennen, wird mit der Energie vertraut, die in den Stromschnellen steckt und entdeckt die Unterschiede, die mit dem Fallen oder Steigen des Wasserspiegels verbunden sind. Der Kajakfahrer ist immer ein Entdecker, des weiteren ist er ein Reisender, der sich mit der Strömungsgeschwindigkeit des Flußes fortbewegt. Dabei probiert er ständig neue Techniken aus und sucht nach neuen Durchfahrten, mit denen er die Kraft des Flußes noch besser nutzen kann.

Was immer Ihre Intention gewesen sein mag, das Paddeln auf dem Wildwasser wird zwanghaft und ist außerordentlich aufregend. Um erfolgreich zu sein, müssen Sie Ihre ganze Intelligenz einsetzen und viel Umsicht walten lassen. Das Wasser des Flußes kann tödlich sein, deshalb müssen Sie richtig ausgerüstet sein und das Geschehen auf dem Fluß verstehen. Wenn Sie in den Wellen nicht wie in einem offenen Buch lesen können, dann können Sie auch keinen Plan entwickeln, wie Sie die Gefahrenstellen meistern wollen. Ohne Plan wird der Strom das Kommando übernehmen. Sie hätten dann auch in ein Faß klettern und sich in den Fluß hinausstoßen lassen können.

Die Strömungen eines Flußes lassen sich ziemlich genau voraussagen, egal ob er von einem Berghang herunterstürzt oder sich durch tiefe Schluchten wälzt. Diese Voraussehbarkeit verbunden mit dem Wissen um die Gesetzmäßigkeiten der Wasserbewegungen, erlaubt es dem Paddler, auch unbekannte Flußabschnitte erfolgreich zu bezwingen. Man sagt, daß alles, was in der Tiefe einer Stromschnelle liegt, sich auch an der Oberfläche abbildet. Wenn Sie etwas über das Flußbett wissen, dann hilft Ihnen dies, die Wellen und Strömungen vorauszusehen.

Die einfachste Art einer Stromschnelle entsteht, wenn das Wasser plötzlich beschleunigt wird. Das geschieht für gewöhnlich durch die Einschnürung des Wasserlaufs durch Sandbänke oder Felsen. Man kann diesen Effekt manchmal an Brücken beobachten, wo das Wasser an der Talseite unter dem engen Bogen hervorschießt, als ob es aus einem Feuerwehrschlauch käme. Die Wellen nehmen dabei eine charakteristische Form an, das schnell strömende Wasser bildet ein langgezogenes ›V‹, dessen Spitze flußabwärts zeigt. Das ruhige Wasser an beiden Flanken hat ein gläsernes Aussehen. Das ruhige Wasser an den Seiten wird ›Stillwasser‹ genannt, die Grenzlinien, die das ›V‹ bilden sind die ›Stromgrenze‹.

Das ›V‹ ist vom Ufer aus leicht zu sehen, aber es gehört Übung dazu, es vom Kajak aus zu erkennen. Es ist sehr wichtig, die V-Stellen auszumachen, denn sie sind die Hinweisschilder des Flußes. Sie zeigen Ihnen, wo die tiefen, sicheren Durchfahrten liegen. Einfache Stromschnellen sind von einem ›V‹ gekennzeichnet, der Paddler hat nur die einfache Aufgabe,

Unten: Blick auf ein verblocktes Gewässer der Klasse 4.

Rechts: Inspektion einer Stromschnelle. Was sehen und fühlen Sie, was erzählen Ihnen später die anderen?

Das ›V‹

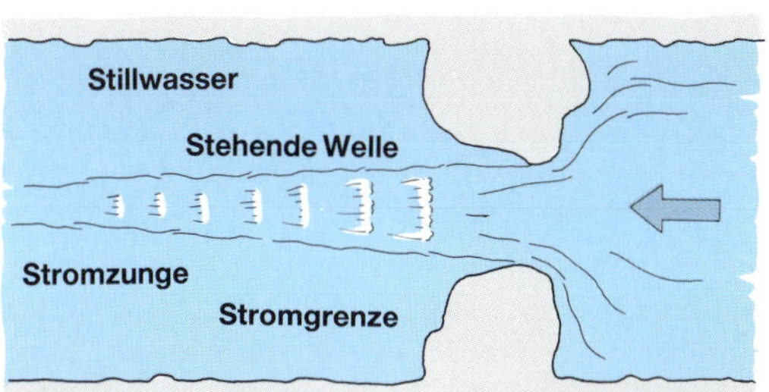

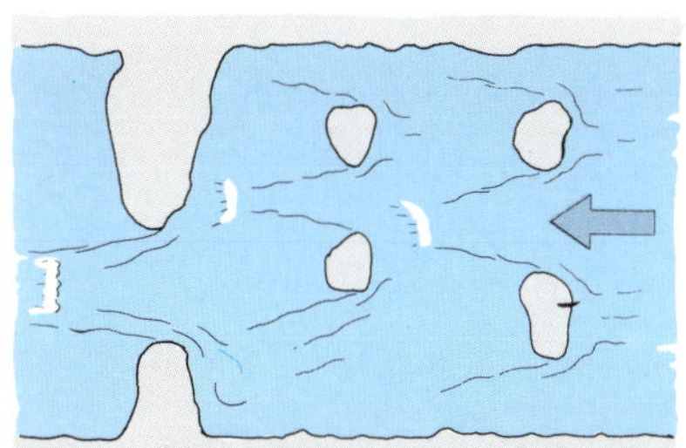

Oben: Das ›V‹ wird von einer Einschnürung hervorgerufen, die Stromgeschwindigkeit nimmt erheblich zu. Jenseits der Stromgrenzen liegt das Still- oder Stauwasser. Bedenken Sie, daß die Stromgrenze immer diffuser wird, je weiter Sie stromabwärts gelangen. Vom Ufer aus, sind die ›Vs‹ gewöhnlich gut zu erkennen, auf dem Fluß wird es wesentlich schwieriger.

Oben rechts: Die ›Vs‹ dieses verblockten Wildwassers bilden ein typisches Zopfmuster, das so etwas wie eine Straßenkarte für den Paddler darstellt. Er muß nur einen Weg finden, die ›Vs‹ nahtlos miteinander zu verbinden.

das Boot in die Mitte der Durchfahrt zu steuern. Schwierigere Passagen bestehen aus mehreren ›Vs‹ (Zopfmuster), Sie müssen jetzt einen Weg finden, der die ›Vs‹ so miteinander verbindet, daß Sie eine glatte Durchfahrt im Schwallwasser haben. Noch kompliziertere Stromschnellen weisen eine Vielzahl ›Vs‹ auf, von denen einige nicht klar auszumachen sind, zudem warten sie noch mit anderen überraschenden Gefahren auf. Es ist eine Art Schachspiel. Jeder Zug bedingt unausweichlich bestimmte Folgen. Entscheidend ist die Erinnerung, die man von der landseitigen Begehung der Stromschnelle noch im Kopf hat und der Erfolg jedes einzelnen Zugs.

WELLEN

Beachten Sie, daß sich innerhalb des ›V‹ einer einfachen Stromschnelle eine Reihe von Wellen bildet. Wellen sind eine Ausdrucksform von Energie, in diesem Fall entsteht diese, durch den Aufprall des herabschießenden Wassers auf das ruhigere Wasser hinter dem Hindernis. Diese Wellen werden *nicht* durch Unterwasserhindernisse erzeugt – man nennt sie *stehende Wellen*. Sie sind nahe verwandt mit den steilen Grundseen der Küste, die von den Surfern benutzt werden. Dort ist die Wellenenergie aus der Weite des Ozeans als flache Welle an die Küste gewandert. Auf dem Fluß bleibt der Wellenberg auf der Stelle stehen, das Wasser fließt darüber hinweg.

Bildet sich eine stehende Welle aus einem kleinen Energiepotential, hat sie das glasige, weiche Aussehen ozeanischen Schwells. Wird die Energiezufuhr erhöht, wächst die Wellenhöhe bis eine kritische Höhe erreicht wird. Danach wird die Welle brechen. In jeder Stromschnelle werden Sie nebeneinander stabile stehende Wellen *und* steile, überbrechende schäumende Wellen beobachten. Es ist auch nicht ungewöhnlich, daß eine Welle schnell an Höhe gewinnt, sich dann überschlägt und der Vorgang dann in Sekundenschnelle wieder von vorne beginnt. In Gebieten reißenden Wassers bilden sich Gruppen stehender Wellen, die dem Paddler, der mit dem Strom fährt, zu einem begeisternden Surfritt verhelfen (Schwallstrecke).

Formen der stehenden Wellen

Blickt man flußabwärts, haben die stehenden Wellen entweder eine flache oder pyramidenförmige Form, aus deren Spitze das Wasser wie aus einem Brunnen sprudelt. Die flachen

Der Paddler reitet auf einer gewaltigen stehenden Welle des River General in Costa Rica, Mittelamerika. Der Bug des Kajaks zeigt stromaufwärts.

Links: Ungleichmäßige stehende Wellen auf einem Abschnitt des Schwierigkeitsgrads 3–4 der Isere in Frankreich. Walzen können auch innerhalb eines ›Vs‹ entstehen, sobald das reißende Wasser auf ruhige Wasserflächen trifft.

Rechts: Eine Folge stehender Wellen, so etwas wie eine Surfwelle für den Wildwasserpaddler.

Bildung einer stehenden Welle

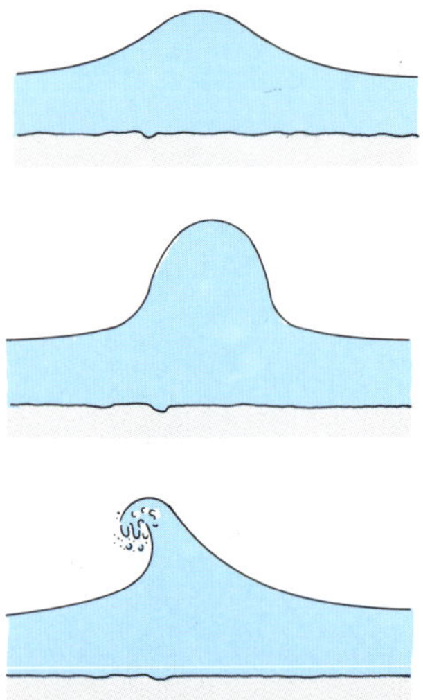

Dieser Querschnitt durch das Flußprofil zeigt, was mit der stehenden Welle passiert, sobald die Wassermenge zunimmt. Die ursprünglich flache Welle steilt sich immer mehr auf, bis sie ständig überbricht.

Flache Walze

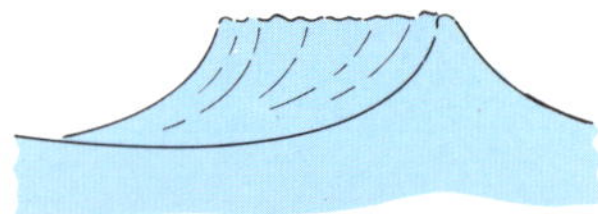

So sieht ein Paddler aus seiner Perspektive die Annäherung an eine stehende Welle.

Heuhaufen

Gut zu erkennen sind die pyramidenförmige Basis und der spritzende Top.

Hahnenschwanz

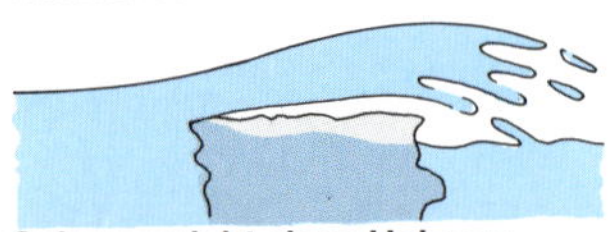

Seitenansicht eines Hahnenschwanzes, in der Mitte unten liegt der Felsen.

Wellen können sich in einigen Fällen über die ganze Flußbreite erstrecken, beispielsweise dann, wenn ein schräges Felsenband ein Absinken des Wasserspiegels auf der ganzen Breite bewirkt. Die Wellen mit den brechenden Spitzen werden ›Heuhaufen‹ genannt, weil sie in ihrer Form an die alten, in der Mitte zusammengebundenen Heugarben erinnern. Die ›Heuhaufen‹, kann man sicher befahren, es sind Spaßmacher, obwohl sie dem Paddler gerne eine Dusche verpassen.

Hahnenschwanz

Scharfe Klippen, die in den Strom ragen, können stehende Wellen auslösen, wenn sie vom Wasser überspült werden. Manchmal kann der Paddler den Felsen durch das Wasser schimmern sehen. Ein feiner Spritzwasserschleier erleichtert die Lagebestimmung. Ist das Spritzwasser sehr ausgeprägt, kann sich eine Lufttasche an der Unterseite bilden, man spricht dann von einem sogenannten ›Hahnenschwanz‹.

Oben: Sehr gut ist das glatte Wasser im Kehrwasserbereich dieses alpinen Gletscherbachs zu erkennen.

Links: Am oberen Rand des Bildes ist ein Hahnenschwanz zu sehen. Von der Bergseite wäre nur das Spritzwasser zu erkennen, von der Talseite ist der Felsblock deutlich sichtbar!

Rechts: Der Wasserstrom, der hier über den Felsen strömt, bildet ein kleines ›Loch‹.

Stillwasser

Das ruhige Wasser der Stillwassergebiete steht mit dem Energiereichtum der reißenden in einer Wechselwirkung. Wächst die Stromstärke, bewegt sich das Wasser im Stillwassergebiet in die entgegengesetzte Richtung (Nehrstrom oder Kehrwasser). An der Trennungslinie entstehen Wirbel. Das absinkende Wasser bildet Strudel, aufsteigendes Wasser Blasen, die an kochendes Wasser erinnern (›Pilze‹). Diese Erscheinungen sind besonders deutlich, wenn der Fluß viel Wasser führt. Genau dieselben Phänomene kann man in Gebieten mit starkem Gezeitenstrom zwischen Inseln oder an Brückenpfeilern beobachten.

Unebenheiten im Flußbett können ebenfalls Wellen hervorrufen. Ein Stein dicht unter der Oberfläche wird im Unterwasser eine kleine Welle haben, sie bildet ein sogenanntes entgegengesetztes ›V‹. Wieder ist das ›V‹ ein Hinweiszeichen, allerdings ist es weniger ausgeprägt. Das Hindernis unter der Oberfläche wird markiert, und der Paddler kann den Stein umfahren. Liegen zwei überflutete Felsen dicht beieinander, ist der Weg durch das übliche ›V‹ klar vorgezeichnet. Liegt der Felsen oder das Hindernis über Wasser, entstehen Reflexionswellen an der Bergseite. Sie wird *Prallpolster* genannt. Derselbe Stein kann bei verschiedenen Wasserständen die unterschiedlichsten Wellen erzeugen; wir erkennen daran, welch entscheidenden Einfluß die Wasserhöhe auf das Kajakfahren hat.

Ein großer Stein, über dem eine große Wassersäule steht, erzeugt auf der Talseite ein Wellenbild, das vom Paddler als ›Loch‹ bezeichnet wird. Ein Loch ist genau das, was sein Name besagt. Genau hinter dem Stein bildet sich ein Trog, ein den das Wasser hineinströmt. Das Wasser kreist im Trog. Ein Paddler, der über den Stein fährt, stürzt tief in das ›Loch‹, häufig kommt er für einen Augenblick außer Sicht. Große Löcher können einen Kajak festhalten und umwerfen, aber auch kleine schütteln das Boot erbarmungslos durch. Wenn man es einrichten kann, sollte man Löcher umfahren, es sei denn, man ist vergnügungssüchtig und bewegt sich innerhalb seiner Leistungsgrenzen.

Entgegengesetztes ›V‹

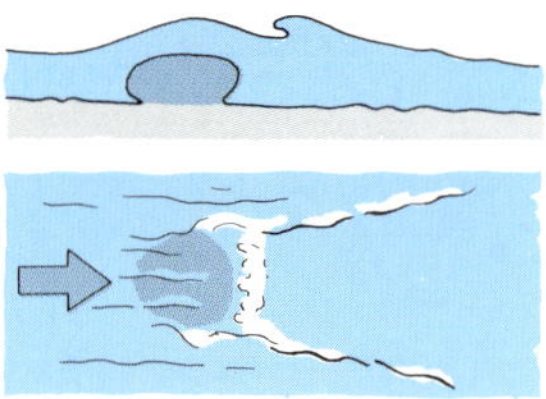

Der teilweise überspülte Block wird durch das ›V‹ markiert.

Normales ›V‹

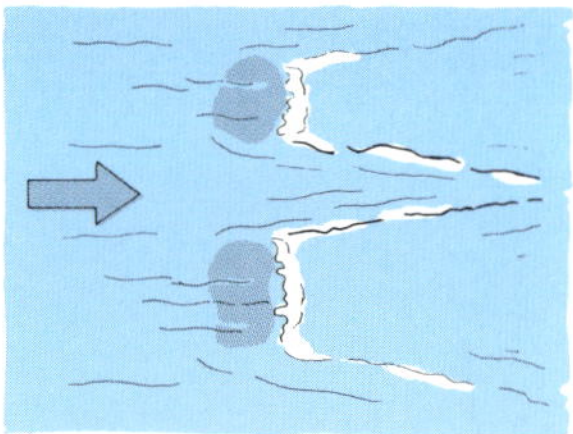

Das sichere Fahrwasser wird durch das ›V‹ angezeigt.

Walzen und Strudel

Das zurückschlagende Wasser in einem Loch verdeutlicht ein Phänomen, das den Paddlern großen Respekt einflößt. Wenn strömendes Wasser auf ruhiges Wasser trifft, entstehen vertikale oder horizontale Verwirbelungen, die *Walzen* oder *Strudel* (›Stopper‹) genannte werden. Passiert der Kajak solch eine Stelle, trifft er auf entgegenströmendes, also bergauf laufendes Wasser. Dadurch wird das Boot zum Stillstand gebracht, häufig so abrupt, daß der Paddler einen starken Druck auf dem Oberkörper verspürt. Jetzt muß kraftvoll gearbeitet werden, um wieder freizukommen. Man kann die Walzen in zwei großen Gruppen einteilen:

1. Walzen an der Oberfläche

2. Walzen, deren Wirkung bis weit unter die Oberfläche reicht.

Die Oberflächenwalze ist ein kraftvolles Gebilde, aber unter der turbulenten, überbrechenden Oberfläche verläuft eine solide ungestörte Strömung flußabwärts. Sollten Sie in einer derartigen Walze kentern, zieht Sie die Unterströmung weiter und befreit Sie dabei. Ein Schwimmer wird durch den Stopper gezogen, weil er tief im Wasser liegt und unter dem brechenden weißen Wasser durchgezogen wird.

Diese Walzen sind gewöhnlich recht lautstarke Gesellen, die sich daher dem Paddler rechtzeitig ankündigen. Erfahrene Paddler ›spielen‹ gerne an den Walzen. Sie lassen sich quer hineintreiben, surfen begeistert seitlich auf der Welle ohne vorwärtszukommen, dabei haben sie trotzdem das berauschende Gefühl hoher Ge-

Ein größeres ›Loch‹ auf dem Sambesi im südlichen Afrika. Der Paddler war weise genug, es zu umgehen. Schnelle Entscheidungen sind hier lebenswichtig.

Prallpolster

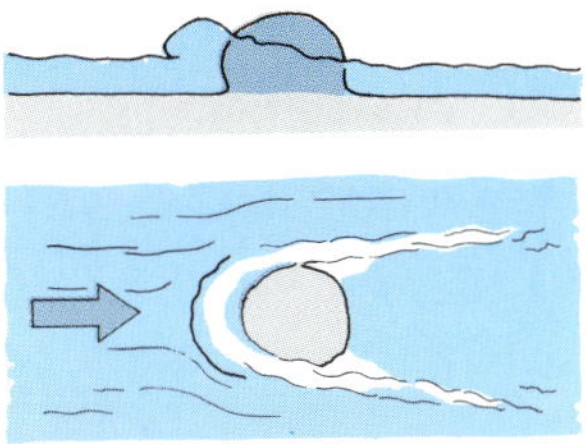

Ein typisches Prallpolster auf der Bergseite eines Felsens.

Steigendes Wasser erzeugt ein ›Loch‹

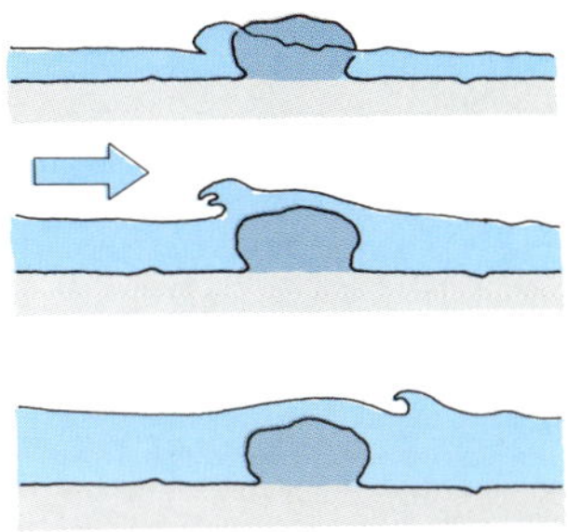

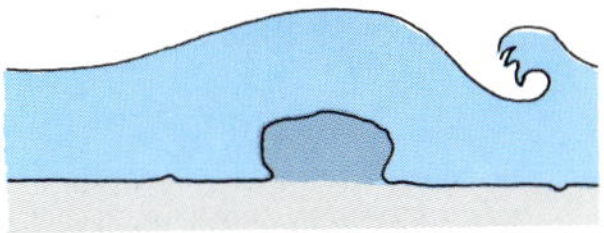

Sobald der Felsen überflutet wird, beginnt das Wasser dahinter zurückzufluten, dabei entsteht ein ›Loch‹, von dessen Gewalt ein Boot eingefangen werden kann. Vorsichtige Paddler haben großen Respekt vor solchen ›Löchern‹.

Oberflächenwalze

Eine Oberflächenwalze entsteht, wenn die Strömung in einem flachen Winkel auf tieferes Wasser trifft und zurückprallt. Eine weiße Walze markiert diese Linie, unter der Oberfläche ist die Strömung ungestört.

Tiefenwalze

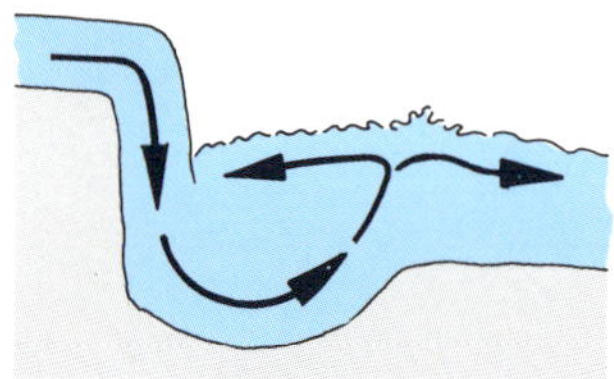

Hier stürzt das Wasser in einen tiefen Kolk und erzeugt einen langen Rücklaufbereich. Tiefenwalzen entstehen häufig an Wehren und überfluteten Buhnen.

schwindigkeit. Allerdings kann die Welle das Heck des Kajaks packen und ihn in den Himmel katapultieren. Tiefreichende Stopper entstehen, wenn das Wasser senkrecht in eine tiefe ausgewaschene Kuhle (›Kolk‹) stürzt, das passiert besonders häufig an Strombauwerken, wie z.B. Wehren, Grundschwellen und Staustufen. Dort ist es schon zu vielen tödlichen Unfällen durch Ertrinken gekommen. Das Wellenbild wird vor der Abrißkante durch verhältnismäßig ruhiges Wasser geprägt, danach folgt der lange gefährliche Rücklaufbereich in dem das Wasser zu kochen scheint. Das ablaufende Wasser fließt so tief unter der Oberfläche, daß man es nicht nutzen kann. Versucht ein Schwimmer verzweifelt an der Oberfläche zu bleiben, um Luft zu bekommen, wird er vom tödlichen Kreislauf festgehalten, bis er erschöpft ist. Rettungsversuche sind schwierig und auch für die Retter sehr gefährlich. Es gibt nur einen sicheren Wege, die gefährliche Walze zu überlisten – sie auf dem Land zu umgehen.

WEHRE

Wehre dienen der Regulierung und Kontrolle des fließenden Wassers. Das gestaute Wasser kann Turbinen und Maschinen antreiben oder zur Bewässerung benutzt werden. Moderne Wehre sind meist aus Beton gebaut. Einige Architekten bevorzugen das Kastenwehr, bei dem im Unterwasser eine Schwelle hinter dem Wehr errichtet wird, um die Auswaschungen zu verringern. Allerdings entstehe dadurch im sogenannten *Tosbecken* ein besonders starker Rücklauf, der dem Kajak zur Falle werden kann, besonders wenn er mit dem Bug tief hineinfällt. Bei Hochwasser, sind *alle* Wehre gefährlich. Die Höhe des Wehrs ist kein Gradmesser für die Stärke des Rücklaufs. Ist ein Wehr nicht ganz offensichtlich harmlos, gilt die Regel: *Im Zweifel nie!*

BEGUTACHTEN UND EINTEILEN VON STROMSCHNELLEN

Wenn eine Stromschnelle vor Ihnen liegt, sollten Sie sie nach Möglichkeit erst von Land aus begutachten, bevor Sie sich entscheiden, ob Sie sie befahren wollen. Es gibt drei Informationsquellen, die Ihnen dabei nützlich sein können:

1. Was Sie sehen – Sie vergleichen das mit Ihren Erfahrungen und Kenntnissen.

2. Was andere erzählen – Informationen über die Erfahrungen von Kameraden, die das Wildwasser schon befahren haben.
3. Wie Sie sich fühlen – Sie werden sehr schnell spüren, ob Sie die Kaskade befahren sollen oder nicht.

Wenn Sie die Schwierigkeiten und Gefahren erkannt, die Konsequenzen

Rechts: Dieses Wehr ist aus großen Felsblöcken erbaut, die man so gut es ging in Position gebracht hat. Denken Sie daran, daß ein Wehr sehr gefährlich sein kann. Haben Sie Zweifel, ob Sie es beherrschen können, gehen Sie lieber zu Fuß!

Ein Querschnitt durch verschiedene Wehrtypen

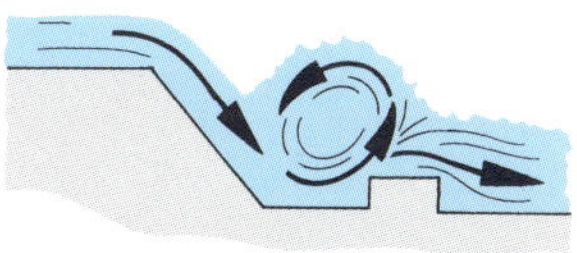

Ein Kastenwehr, das besonders rücklaufgefährdet ist. Es besteht eine erhöhte Gefahr, sich den Kopf zu verletzen.

Steilwehr. Es erzeugt die gefährlichsten Stopper. Wenn Sie es schon nicht lassen können, dann überqueren Sie es mit ›full power‹!

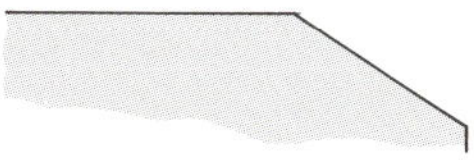

Eine Mischung aus Schräg- und Steilwehr, es sieht zwar immer hoch aus, aber die Schräge bietet eine gute Absprungmöglichkeit.

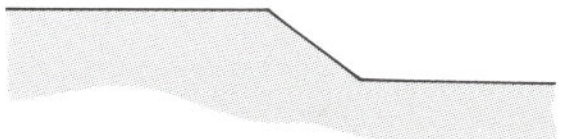

Schrägwehr. Es ist normalerweise bis Mittelwasser sicher, wird aber bei Hochwasser schwierig.

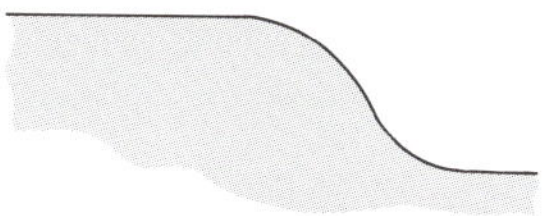

Bogenwehr. Bei Nierigwasser können Sie auf dem Grund landen, bei Hochwasser baut sich ein gefährlicher Stopper auf.

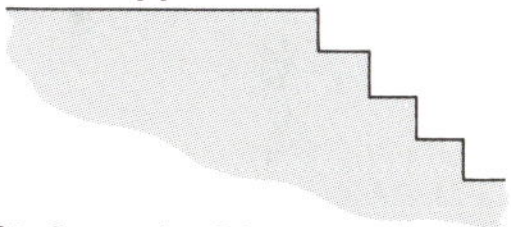

Stufenwehr. Die einzelnen Stufen sind häufig Bassins, die den Fischen das Überwinden des Wehrs erlauben sollen. In jedem Bassin kann es Stopper geben. Vorsicht, Rettungsmanöver gestalten sich äußerst schwierig!

Oben: In dieser Aufnahme sieht man deutlich, daß der Paddler das ›V‹ ignoriert und sich direkt in den Stopper stürzt.

Links: Eine Oberflächenwalze, sie wird durch ein flaches Felsband verursacht, das sich über den Fluß zieht. Der sichere Weg wird durch das ›V‹ markiert.

Rechts: Ein Tiefenstopper, das Wasser fließt an der Oberfläche gleichmäßig zum Wehr zurück.

einer Fehlentscheidung geprüft haben, müssen Sie sich entscheiden. Fahren oder Tragen! Es zeugt von einem guten Urteilsvermögen, wenn man eine Stromschnelle nicht befährt, der man sich nicht gewachsen fühlt. Das gehört zu den grundlegenden Eigenschaften jedes guten Wildwasserfahrers. Diese Entscheidung erfordert oft besonders viel Mut. Sollten Sie sich dafür entscheiden, die Kaskade zu befahren, müssen Sie sich den Weg gut einprägen und Ihre Taktik entwerfen. Stellen sie sich alles vor Ihrem inneren Auge vor. Sehen Sie, wie Sie fahren, wo Sie traversieren, wo Sie beschleunigen müssen, wo Sie über Stufen fallen werden. Der nächste Schritt ist die sofortige Ausführung, es hat keinen Sinn in grüblerische Zweifel zu verfallen.

Das Befahren von Stromschnellen, ohne sie zuvor besichtigt zu haben, ist eine riskante Angelegenheit. Man nennt es ›Nach-Sicht-fahren‹, normalerweise macht man das nur, wenn man das Revier in einem Buch studiert hat, oder die Schwierigkeiten vom Hörensagen kennt. Jedenfalls muß man sicher sein, daß man mit seinem Können alle Probleme sicher meistern kann.

Die Internationale Wildwasserskala unterscheidet sechs Kategorien.

Kategorie I
Leicht
Das Wasser fließt, es gibt nur schmale, flache Untiefen mit einfachen Hindernissen.

Kategorie II
Mäßig Schwierig
Die Route hat freie Durchfahrten, vielfache einfache Hindernisse im Stromzug. Schwache Walzen, kleine Stufen können vorhanden sein. Stellenweise beschleunigt der Strom in Engen.

Kategorie III
Schwierig
Ein bestimmter Weg muß gefahren werden, aber die Durchfahrten sind übersichtlich und vom Kajak aus zu erkennen. Die Wellen können hoch und unregelmäßig sein. Steine und Hindernisse sind vorhanden. Größere Walzen und Wirbel sind zu erwarten.

Kategorie IV
Sehr schwierig
Die Durchfahrten sind nicht immer ohne weiteres erkennbar, eine vorherige Erkundung ist ratsam. Andauernde Schwälle, das Wasser ist voller kräftiger Walzen, Wirbel und Preßwasser. Der Paddler muß ständig manövrieren.

Kategorie V
Äußerst schwierig
Die Erkundung ist unerläßlich, weil ernste Gefahren in den Stromschnellen liegen. Hohe Stufen mit Rückstau, enge Passagen, ausgedehnte Gesteinsfelder, Löcher, schwierige Ein- und Ausfahrten.

Kategorie VI
Grenze der Befahrbarkeit
Nur bei bestimmten Wasserständen befahrbar. Jeder Fehler kann unübersehbare Folgen haben. Alle Schwierigkeiten des Wildwasserfahrens können auftreten, dazu kommen schwierige Zugänge zum Wasser.

Die Flußabschnitte sind entsprechend dieser Kategorien eingeteilt, oft ist es sinnvoll eingelagerte Stromschnellen eine Kategorie höher zu bewerten. Die deutschen Paddler versehen die Stromschnellen mit einem entsprechenden Index. So bedeutet II, daß der Flußabschnitt zur Kategorie II_4 gehört, der Katarakt oder Wasserfall dem Schwierigkeitsgrad IV entspricht. Für Reviere, die zwischen zwei Kategorien liegen, verwendet man Abstufungen, z.B. ein Pluszeichen (III+) oder einfach III – IV. Die Einteilung richtet sich nach dem Wasserstand, bei dem der Fluß für gewöhnlich befahren wird. Das ist wichtig zu wissen, denn bei Hochwasser kann der Schwierigkeitsgrad erheblich höher liegen. Allerdings gibt es auch Flüsse, die dann einfacher zu befahren sind.

Über das Internationale Bewertungssystem wird kontrovers diskutiert. Es gibt Paddler, die die Auffassung vertreten, daß die Flüsse zu verschieden in ihren Eigenschaften sind, um in nur sechs Klassen eingeteilt zu werden. Andere meinen, daß die Informationen zu den Kategorien umfangreicher sein müßten, damit sich keine Fehlbeurteilungen einschleichen. Es gibt leider Leute, die ihre Entscheidung nur nach der Kategorie treffen und nicht nach dem, was sie vor Augen haben. Es ist wahrscheinlich, daß noch eine Kategorie VII eingeführt wird, was beweist, wie sich der Standard und das Können der modernen Wildwasserfahrer verbessert hat.

ANDERE GEFAHREN

Bäume

Während eines Hochwassers werden Bäume vom Wasser mitgerissen, die sich dann später quer festsetzen, sie werden aus verschiedenen Gründen ›Sieb‹ genannt. Sie stellen eine ernste

Gefahr dar. Der Paddler, der sich in den Ästen verfängt, bekommt eine Menge Probleme. Man kann das Hindernis nur umgehen oder weiträumig umfahren – wenn das möglich ist – um die Gefahr zu meiden.

Bäume, die vom Ufer ins Wasser gestürzt sind oder gefährlich überhängen, blockieren häufig den Uferrand. An den engen Flüssen der Alpen ragen Kiefernwälder in die Höhe. Das schwache Wurzelgeflecht verliert in der dünnen Erdschicht nicht selten den Halt, anschließend ist der ganze Fluß versperrt. Die dichten Zweige bilden ein sehr unangenehmes ›Sieb‹.

Unten links: Die Durance in Südfrankreich hat den Schwierigkeitsgrad 1.

Unten: Schwierigkeitsgrad 3.

Oben rechts: Eindrehen in ein Kehrwasser der 3. Klasse in den französischen Alpen.

Rechts: 4. Schwierigkeitsgrad. Aus der Perspektive des Paddlers ist der beste Weg nicht zu erkennen, aber wenn er vorher eine Uferbegehung gemacht hat, weiß er, daß er sich entweder am linken Ufer oder an der Innenkurve halten muß.

Unten rechts: 5. Schwierigkeitsgrad. Der Katarakt muß vorher besichtigt werden, denn er weist üble ›Löcher‹ auf. Um den Ausgang der Stromschnelle zu erwischen, muß der Paddler vom linken zum rechten Ufer fahren – und das schnell!

Krümmungen

Für gewöhnlich fließt das Wasser geradeaus, bis es auf ein Hindernis trifft, wodurch seine Fließrichtung verändert wird. Genau das passiert in einer Krümmung. Das Wasser will seine Richtung beibehalten, aber am äußeren Ufer wird es reflektiert. Dadurch wird ein tiefer Kanal ausgewaschen, in dem Wasser sehr schnell fließt. Der starke Strom unterspült auch das Ufer, wenn es aus Sand und Erde besteht, was wiederum zum Umstürzen der Bäume führt. Auch kann das Wurzelwerk der Bäume unter Wasser freigelegt werden, das so zum ›Sieb‹ werden kann.

Besteht das Ufer aus steilen Felsen, entsteht Preßwasser, auch Prallwand genannt, das man genauso behandeln muß wie das ungefährlichere Prallpolster an einem Block.

Hochwasser

Führt ein Fluß Hochwasser, z. B. durch die Schneeschmelze, muß man ihn mit größter Vorsicht angehen. Die Strömung kann so reißend sein, daß man keinen Ruhepunkt findet. Die Stillwasser sind verschwunden oder liegen unter den Bäumen, die früher das Ufer säumten. Nur riesige Wellen und furchterregende Löcher sind überall gegenwärtig. Brücken, die in normalen Zeiten ein willkommener Kontakt zur Außenwelt sind, werden plötzlich zu tödlichen Gefahren, weil die Durchfahrten überspült oder durch Treibholz verstopft sind. Für den Paddler, der Baden gegangen ist, hält der Fluß wenig Hilfe bereit. An den Ufern bilden sich durch den Reibungswiderstand des Wassers spiralförmige Strudel. Die Strudel drücken alles Treibende wieder in den Hauptstrom zurück – einschließlich eines Schwimmers. In diesem Zustand ist jeder Fluß unberechenbar, sogar für den Einheimischen. Es gibt nur eines, was man machen kann: An Land bleiben!

WILDWASSERARTEN

Die Wildwasserreviere der Welt lassen sich grundsätzlich in zwei große Grup-

Rechts: Ein großes Prallpolster steht an der Außenseite der Kurve. Die Aufnahme entstand am ›Jugbuster Rapid‹ auf dem Bio Bio, Chile.

Unten: Umgestürzte Bäume bilden eine Falle auf der Onde in Frankreich.

Uferunterspülung

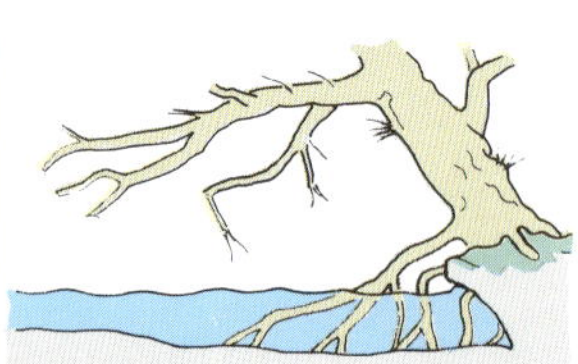

Weite, mit Bäumen bepflanzte Flußkurven werden unterspült, die Wurzeln der Bäume werden dabei freigelegt und der Baum stürzt um.

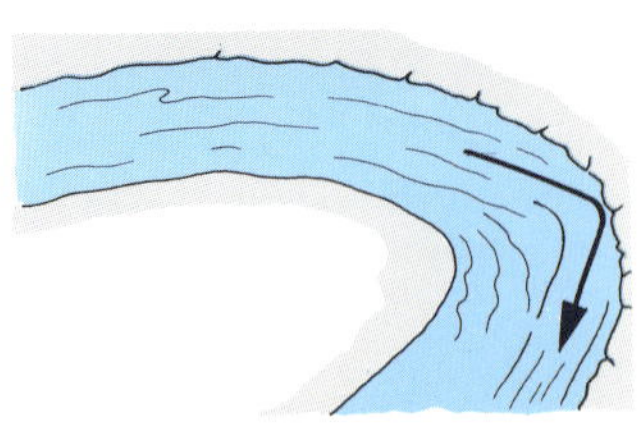

Der Strom ist in der Außenkurve immer am stärksten, daher ist dort das Fahrwasser am tiefsten.

Prallwand

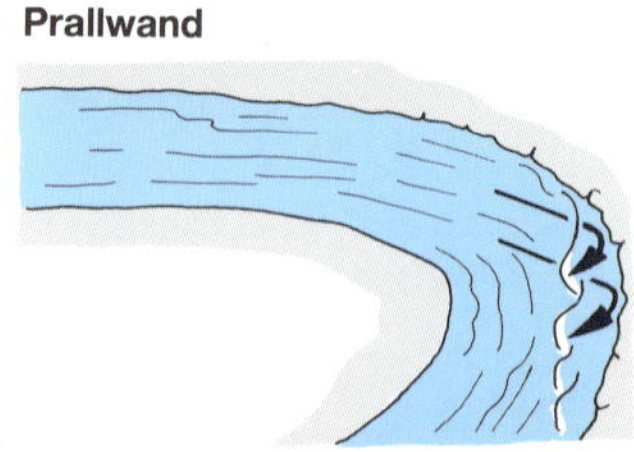

Felsufer oder künstliche Strombauwerke rufen kreisende Prallpolster an der Außenkurve hervor.

pen aufteilen: Die breiten, tiefen Ströme, die enorme Wassermassen transportieren, sowie die reißenden Bergflüsse, die eng und mit viel Gefälle ihren Weg beginnen. Es macht einen Teil des Spaßes des Wildwasserfahrens aus, daß man unterschiedliche Erfahrungen auf den verschiedenen Gewässern sammelt.

Das Befahren eines ›ausgewachsenen‹, wilden Flusses kann man nur mit dem Wort *gewaltig* beschreiben. Die normen Wassermassen, die von den Bergen herabströmen, erzeugen Wellen und Stauwasser in großer Zahl. Die stehenden Wellen im Schwall überragen den Paddler bei weitem, wenn er in die Wellentäler stürzt. Die Stauwasser kochen unter dem Anprall der kolossalen Energie. Die Stromgrenzen werden zum Niemandsland, das wegen seiner Strudel und Strömungen schwer zu befahren ist. Die Aufgabe des Paddlers besteht darin, die größten Löcher zu vermeiden, eine gute Linie zwischen den Stromschnellen zu finden und die brechenden Wogen zu überleben.

Normalerweise kann man diese Flüsse das ganze Jahr über befahren, weil die Wasserzufuhr immer sehr stark ist. Oft werden sie zur Erzeugung

Spiralförmige Strömungen

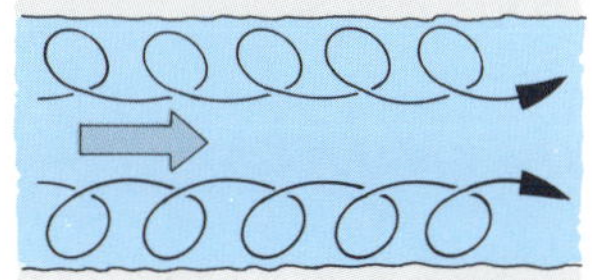

Zu Hochwasserzeiten können sich an den Ufern nicht erkennbare Kreiselströmungen bilden und treibende Objekte in ihre Klauen bekommen.

elektrischer Energie benutzt, die unvermeidlichen Staudämme können unterschiedliche Wasserhöhen im Unterwasser bedingen.

Ein großer Teil des Wildwasserfahrens findet auf den Nebenflüssen der ›Riesen‹ statt. Die meisten britischen Wildwasser fließen schnell aus relativ niedrigen Bergen in nicht allzu breite Flüsse, die nur wenige Katarakte aufweisen. In den viel höheren Alpen mit ihren Irrgärten aus Tälern findet der Paddler eine große Palette von Bächen und Flüssen mit unterschiedlichem Gefälle und Schwierigkeitsgrad. Weil die Bergwässer so steil hinabschießen, fließt das Wasser schnell ab, außer es wird aus anderen Quellen gespeist. Das kann während der Schneeschmelze im Frühjahr und Sommer der Fall sein oder auch durch heftige Regenfälle. Gletschergebiete eignen sich hervorragend zum Wildwasserfahren, weil die Wasserverhältnisse der Saison verläßlich vorauszusagen sind. Die Flüsse sind am schönsten, wenn das Wetter am schönsten ist, also in der Nachmittagssonne, wenn die Sonne die Berge erwärmt hat. Die Schneeschmelze außerhalb von Gletschergebieten ist nur schwer vorauszusagen, wenn sie im Frühjahr einsetzt, kommt das Wasser plötzlich und mit Macht. Die meisten nordamerikanischen, kanadischen und skandinavischen Flüsse haben diese Eigenart.

Bergbäche mit viel Gefälle sind meist flach und reißen. Der Paddler steht ständig unter Spannung. Ein nichtendenwollender Slalomkurs führt durch Gesteinsfelder, über Klippen und durch enge Schluchten. Die Stauwasser sind schmal, man muß sich blitzartig hineinziehen, um eine Verschnaufpause zu bekommen, während der man einen Blick flußabwärts werfen kann. Viele alpine Flüsse dieses Typs haben Staustufen an denen elektrische Energie erzeugt wird. Dadurch ist der Wasserspiegel im Unterwasser gleichmäßiger, als in ungezähmten Gewässern, die je nach Wetterlage steigen oder fallen. Daher ist es wichtig zu wissen, bei welchem Wasserstand sich der Fluß am besten befahren läßt. Viele sind bei Hochwasser unpassierbar, aus diesem Grund ist der Blick in einen Flußführer unerläßlich.

In tiefen Flüssen kann ein Paddler mehrmals kentern und sich mit einer gekonnten Rolle problemlos wieder

aufrichten, auf den reißenden Gebirgsbächen sieht das anders aus. Einige fließen zu schnell und sind zu flach, um eine Eskimorolle ausführen zu können, deshalb ist es bei einer Kenterung besser, auszusteigen und so schnell wie möglich das rettende Ufer zu erreichen.

Unten links: Auf diesem Flußabschnitt ist wenig Wasser, trotzdem fließt er noch sehr heftig, und man muß sehr engagiert paddeln. Aufnahme: Afon Pen-Llafar, Wales.

Unten: Schwierigkeitsgrad 4/5.

Ganz unten: Schwierigkeitsgrad 5.

DRITTES KAPITEL

BEHERRSCHUNG DER

Der Kajak ist eine Verlängerung Ihres Körpers, genauer ausgedrückt: ein Teil Ihrer Beine und Hüften. Seine Form ist perfekt für die Bewegung im turbulenten Wasser geeignet. Es kann hohe Geschwindigkeiten erreichen, sich seitwärts bewegen, rückwärts fahren, sich überschlagen und sogar einen Salto machen. Sie benutzen die Form des Kajaks und die Wechselwirkung mit den Kräften des Flußes, wenn Sie erfolgreich ein Wildwasser bezwingen. Will man sein Boot sicher handhaben, muß man wissen, was der Fluß macht, damit man seinen Kajak so einstellen kann, daß das beendete Manöver ein Produkt Ihrer Arbeit und der Energie des Flußes ist. Aber bevor Sie ein Experte im Umgang mit dem strömenden Wasser werden, müssen Sie über gute Kenntnisse der Grundtechniken verfügen.

Die Grundtechniken enthalten alle Elemente, die Sie benötigen, um Ihren Kajak mit Hilfe des Paddels in Bewegung zu setzen. Die Technik wird sehr deutlich, wenn man in flachem Wasser manövriert, wo das Wasser wenig Energie hat. Um auf dem Wildwasser erfolgreich bestehen zu können, muß man die effiziente, ökonomische Beherrschung des Geräts im flachen Wasser üben. Dazu gehören:

– Verständnis der einzelnen Techniken

– Übung und Perfektionierung

Die Übungen im flachen Wasser trainieren außerdem die Stärke und Elastizität der Arme, der Rumpf- und Hüftmuskeln, die Sie in den Stromschnellen benötigen.

Vorwärtspaddeln

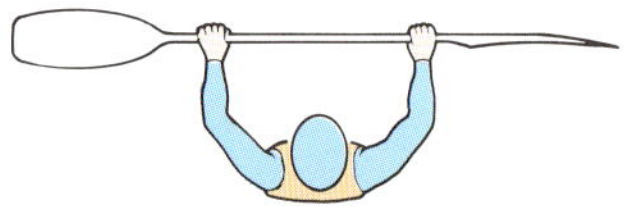

Oben: Ihre Hände sollten den Paddelgriff etwas weiter fassen, als Ihre Schultern breit sind.

Oben: Die Armauslage ist gut zu erkennen. Sobald das Blatt in das Wasser taucht, zieht sich der Paddler mit einem kräftigen Zug unter Ausnutzung der Hüftdrehung daran vorwärts.

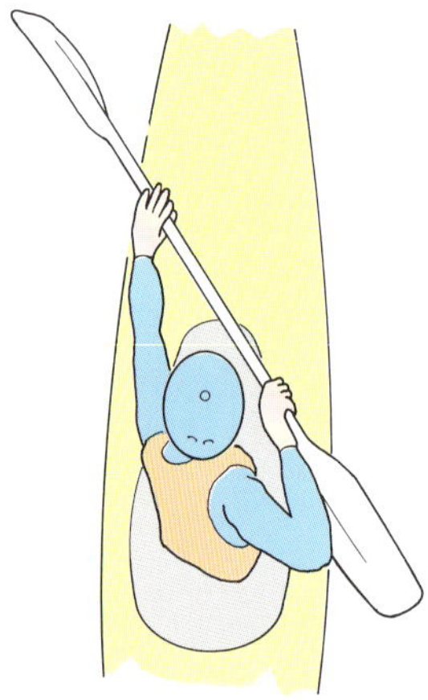

Oben: Körperdrehung und Armauslage stellen die Grundlage der guten Paddeltechnik da. Es ist überwiegend eine ziehende Belastung, bei der die Rumpf- und Armmuskulatur beansprucht wird.

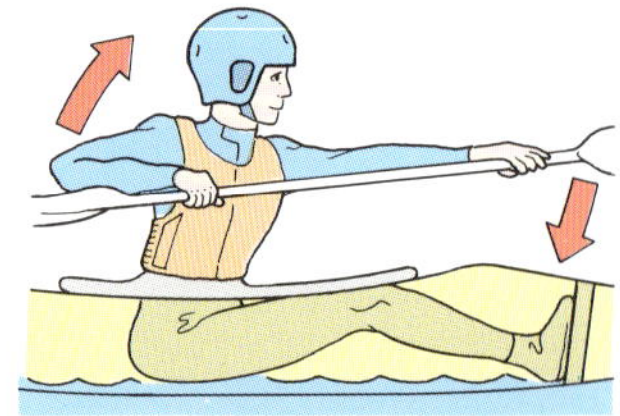

Oben: In dieser Ansicht sehen wir, wie Hüftdrehung, Armauslage und Blattstellung koordiniert werden.

KONTROLLE DER AUSRÜSTUNG

Sie sollten es sich zur Gewohnheit machen, Ihre Ausrüstung regelmäßig zu checken. Sie müssen sich darauf ebenso verlassen können, wie ein Pilot auf sein Flugzeug – und Sie sind der einzige Ingenieur. Bevor Sie sich zu den Übungen ins Boot setzen, kontrollieren Sie:

– Vergewissern Sie sich, daß das Cockpit bequem ist und die Hüftpolster richtig sitzen.

– Kontrollieren Sie, daß die Fußstützen Ihre Knie und Schenkel in gutem Kontakt mit dem Boot bringen.

– Der Griff des Paddels muß oval geformt sein.

– Die Kleidung, die Schwimmhilfe und die Spritzdecke dürfen Ihre Bewegungen nicht behindern.

– Überprüfen Sie die Stellung Ihrer Hände auf dem Griff.

Grundlagen der Bootsbeherrschung

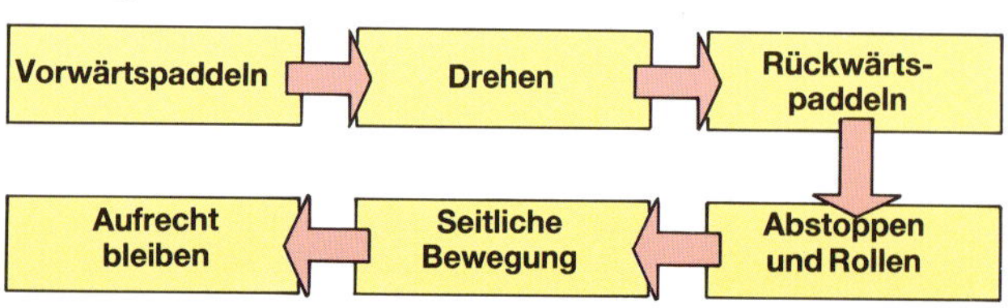

GRUNDSCHLAG VORWÄRTS

Als erstes ist ein guter Vorwärtsschlag einzuüben, denn den werden Sie am häufigsten brauchen. Er hilft Ihnen, ›Strecke‹ zu machen und gibt Ihnen die Möglichkeit Ärger aus dem Weg zu gehen – er ist Ihr Gaspedal! Vorwärtspaddeln bedeutet, daß Sie das Blatt im Wasser verankern und sich daran nach vorne ziehen. Es ist falsch zu glauben, daß man nur mit den Armen arbeitet. Es sind vielmehr eher die großen Rückenmuskeln als die kleinen Muskeln in den Armen, die die notwendige Kraft für den Vortrieb des Kajaks liefern. Um diese Muskulatur einzusetzen, müssen Sie zwei Punkte beachten:

– Körperdrehung

Die Bewegung aus der Hüfte heraus,

GRUNDMANÖVER

Vorwärtspaddeln. Bei der Beendigung des linken Schlags befindet sich der Körper in einer idealen Hüftdrehung, der rechte Arm ist für den Schlag bereit.

die es den Schultern erlaubt beim Eintauchen nach vorne zu stoßen, um dann beim Durchziehen nach hinten zu drehen, während man sich am Blatt vorbei drückt. Sägen Sie ma einen dicken Holzklotz durch, und beobachten Sie dabei, wie die Schulter den Bewegungen der Säge folgt. Diese Bewegung ist durchaus mit dem Paddeln vergleichbar, obwohl jede ruckartige Belastung des Rückgrads vermieden werden muß.

– Armstellung

Wenn Sie den Arm nach vorne bringen, um das Blatt wieder einzutauchen, muß Ihr Arm voll gestreckt sein. Das gibt Ihnen eine große Reichweite und sorgt für raumgreifende Schläge.

Koordination

Die Koordination der Hüftdrehung mit der Armauslage und die Führung des Blatts durch die Luft muß Ihnen in Fleisch und Blut übergehen. Die einzelnen Teile müssen zu einem glatt ablaufenden Bewegungszyklus verschmelzen. Schnell werden Sie lernen, einfache Steuervorgänge in diesen Zyklus so einzufügen, daß der Rhythmus nicht gestört wird, und der Kajak weiter gleichmäßig durch das Wasser gleitet.

Übungstips

– Beschleunigen Sie aus langsamer Fahrt auf volle Leistung. Dabei müßten Sie einen erhöhten Druck auf Ihren Fußsohlen verspüren, die die Kraft aus Ihrem Körper auf die Fußstütze (und damit auf das Boot) übertragen. Spüren Sie diesen Druck nicht, müssen Sie die Hüftdrehung verstärken.
– Halten Sie Ihren Kopf entspannt aber gerade, blicken Sie nach vorne.
– Der Schaft des Paddels muß während des ganzen Bewegungsablaufs frei von Ihrer Brust laufen.
– Verstärken Sie die Drehung – versuchen Sie es! Sie können sich nicht überdrehen.

DREHEN

Man unterscheidet zwei Möglichkeiten des Drehens und der Steuerung des Kajaks:
1. Andrehen – Bogenschlag und Heckruder
2. Weiterdrehen – Paddelstütze und Bugruder

Die ersten beiden Schlagvarianten **leiten** die Drehung **ein**, die beiden anderen setzen **die Drehung fort**.

Der Bogenschlag

Der Bogenschlag vorne ist eine modifizierte Variante des Vorwärtspaddelns. Tatsächlich kann man ihn in der Praxis in den Zyklus einschieben, ohne daß der Rhythmus unterbrochen wird. Befindet sich der Kajak in Ruhestellung, beginnen Sie wie beim Vorwärtspaddeln.
– Das Blatt ganz eintauchen.
– Lassen Sie den Arm ausgestreckt und drücken Sie den Bug des Bootes vom Paddel weg.
– Nutzen sie die Hüftdrehung aus, um das Blatt im Wasser zu lassen und das Boot weiter zu drehen.
– Halten Sie den Arm durchgedrückt.
– Ziehen Sie durch Anwinkeln des Ellenbogens das Blatt aus dem Wasser, bevor es das Heck berührt.

Das sollten Sie spüren:
– Ihre Knie und Füße drücken das Boot herum.
– Den Biß des ganz eingetauchten Blattes im Wasser.
– Den Drehimpuls, den der gestreckte Arm dem Boot verleiht.
– Der Arm muß steif verankert sein, das Drehmoment ist nur ein Ergebnis der Hüftdrehung.

Stellen Sie sich vor, Sie könnten sich von oben beobachten, dann würden Sie sehen, daß der Schaft, Ihr Arm und die Schulter den Kreisradius bilden. Der Bogenschlag beschreibt einen Kreisbogen, das Rückgrad ist der

Bogenschlag

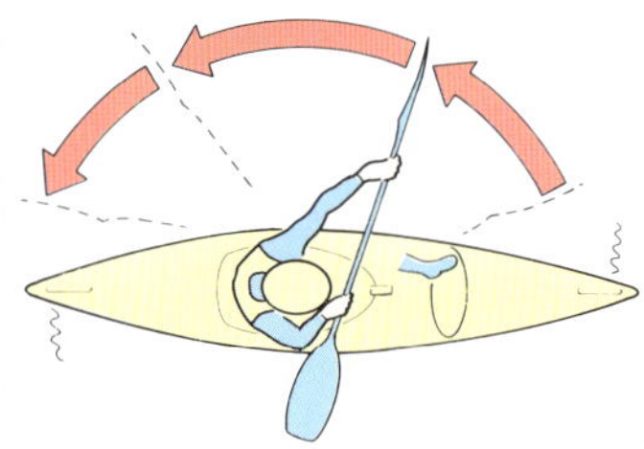

Heckruder

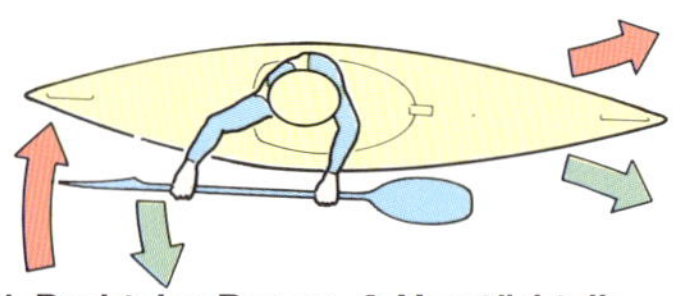

1. Dreht den Bug an. 2. Verstärkt die Drehung und verleiht Vorwärtsschub. 3. Maximale Drehung

Aufkanten und Überlegen

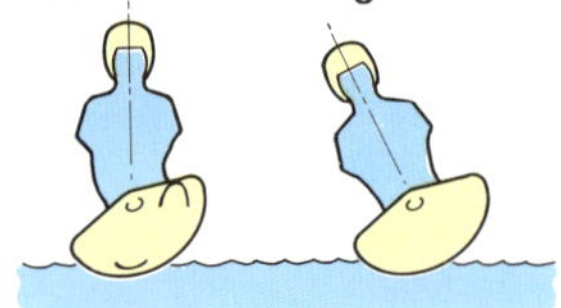

Ganz oben, oben und oben rechts: Bogenschlag rückwärts. Beginnen Sie mit voller Körperdrehung und lehnen Sie sich leicht nach vorne, während Sie den Schlag ausführen.

Mittelpunkt des Kreises. Der Kreisbogen hat drei Komponenten:

1. Er führt vom Bug weg.

2. Führt der Länge nach am Boot vorbei

3. Führt zum Heck

Jede dieser Positionen spielt ihre Rolle bei der Drehung des Kajaks.

– Beginnen Sie Ihren Vorwärtsschlag.

– Zählen Sie ›Eins‹, wenn Sie von den Füßen wegziehen.

– Zählen Sie ›Zwei‹, wenn Sie die Hüften passieren. – Zählen Sie ›Drei‹, wenn Sie sich zum Heck drehen.

Halten Sie die Bewegung weich, und stabilisieren Sie den Kajak auf ebenen Kiel. Trainieren Sie langsame Bewegungen, es ist nicht nötig, daß das Wasser am Blatt strudelt. Das Boot hat eine optimale Drehgeschwindigkeit gegenüber dem Wasser.

Bei der Benutzung des Bogenschlags, müssen Sie sehen, wohin Sie drehen, blicken deshalb während der Drehung nach vorne.

Bogenschlag in Fahrt

– Nehmen Sie mäßige Vorwärtsfahrt auf

Oben: Der Bogenschlag ist modifiziertes Vorwärtspaddeln

– Führen Sie den Bogenschlag aus, zählen Sie dabei.

– Beobachten Sie, was passiert.

Sie bewegen sich zwischen ›eins‹ und ›zwei‹ schnell, denn das vorbeiströmende Wasser drückt das Blatt nach hinten. Zum Zeitpunkt ›zwei‹ hat sich die Geschwindigkeit des Kajaks verlangsamt, bis zur Nummer ›drei‹ vergeht eine Menge Zeit. Sie können dies in der Praxis ausnutzen. Soll der Schlag eine starke Drehung bewirken, verstärken Sie den letzten Teil. Wollen sie, daß der Kajak während der Drehung seine Geschwindigkeit behält, betonen Sie die Phase ›zwei‹. Wollen sie nur den Bug herumdrücken, dann benötigen Sie die Phase ›eins‹.

Bogenschlag rückwärts

Der Bogenschlag rückwärts wird im Prinzip genauso ausgeführt wie der normale Bogenschlag. Achten Sie darauf, daß Sie mit größtmöglicher Hüftdrehung zum Blatt beginnen. In der Position ›drei‹ (also jetzt am Bug) ist es nützlich, den Oberkörper leicht nach vorne zu lehnen. Das unterstützt die Wirkung des Schlags in dieser sonst recht ungünstigen Position.

Heckruder

Mit diesem Schlag kann man bei Vorwärtsfahrt sehr feinfühlig steuern, ohne die Geschwindigkeit merkbar zu beeinflussen.

– Lassen Sie das Boot gerade laufen – paddeln Sie vorwärts.

– Drehen Sie sich zur Seite und stekken Sie das hintere Blatt dicht am Boot ins Wasser.

– Prüfen Sie, ob das Blatt senkrecht steht (wie ein Ruderblatt) und ganz eingetaucht ist.

– Drücken Sie das Blatt langsam *weg* vom Boot. Der Bug dreht in diese Richtung.

– Ziehen Sie jetzt versuchsweise das Blatt *zum* Boot, der Bug dreht ein paar Grad zur anderen Richtung. Beachten Sie, daß Sie mit dieser Methode nur kleine Kursänderungen ausführen können. Üben Sie das Steuern auf beiden Seiten, so daß Sie es nach

Flache Paddelstütze

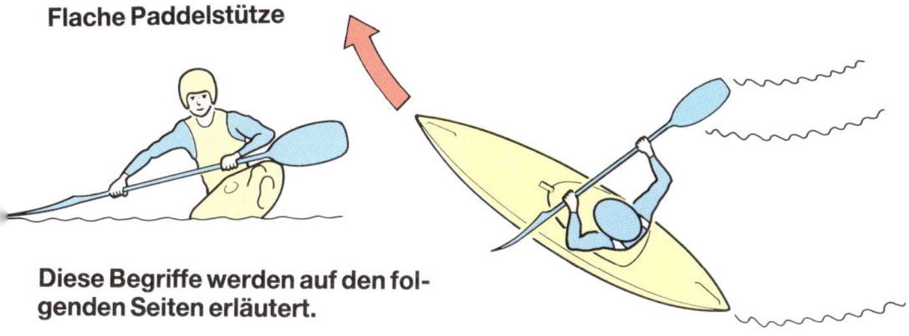

Diese Begriffe werden auf den folgenden Seiten erläutert.

jedem kräftigen Vorwärtsschlag einsetzen können. Auf dem Fluß wird das Heckruder zur Feinkontrolle benutzt, wenn das Boot von den Wellen oder starkem Rückenwind angetrieben wird. Für große Kursänderungen wird der Bogenschlag eingesetzt.

VOLLSTÄNDIGE WENDE

Flache Paddelstütze

Das Ziel der flachen Paddelstütze ist es, den Kajak in einen langgezogenen Bogen zu bringen, ohne daß die Vorwärtsfahrt verloren geht. Dieser Schlag wird vor allem angewendet, wenn man in das Stauwasser eindrehen will.

– Bringen Sie den Kajak in Fahrt.
– Bringen Sie die Rückseite des Paddels in Schulterhöhe möglichst weit vom Boot auf das Wasser.
– Heben Sie die entgegengesetzte Bootseite an, indem Sie in der Hüfte einknicken.
– Lassen Sie den Kajak in die Kurve hineingleiten.

Die Aufgabe des Paddels ist es, Sie zu stützen solange das Boot verkantet ist. Das Paddel muß flach auf der Oberfläche aufliegen, die Vorderkante muß in paar Grad aufgekantet sein, damit das Wasser glatt darunterströmen kann. Der Kajak wird gekrängt, damit er in einen weichen Bogen einschwingen kann, außerdem ist es beim Eindrehen ins Kehrwasser unerläßlich.

Aufkanten und Hüftknick

Für den Paddelstütz und andere Manöver müssen Sie die beiden Begriffe klar trennen.

Um das Boot aufzukanten, arbeiten Sie nur mit Knie und Hüfte.

– Setzen Sie sich in der normalen Paddelposition auf den Fußboden.
– Heben Sie eine Pobacke vom Boden.

Sie kanten auf! Natürlich wird es etwas schwieriger, wenn Sie auch ungefähr das halbe Gewicht des Kajaks bewegen müssen. Sie müssen dazu Ihre Muskeln im Unterbauch trainieren. Das Üben mit einem schweren Kajak ist aber nicht der richtige Weg. Unter dem Hüftknick versteht man die Bewegung, die Sie ausführen, wenn Sie Ihren Oberkörper aus der aufrechten Lage bringen, z.B. wenn Sie mit dem Fahrrad schnell um eine Ecke fahren. Im Kajak müssen Sie manchmal sehr schnell um ein Hindernis kurven, deshalb knicken Sie in gleicher Weise ein. Beim flachen Paddelstütz müssen Sie immer aufkanten, ob und wie weit Sie dabei in der Hüfte einknikken, hängt davon ab, wie eng die Kurve gefahren wird. Dieses Manöver

Unten: Die flache Paddelstütze ist wichtig beim Arbeiten an der Stromgrenze.

verleiht Ihnen ein großes Gefühl der Sicherheit auf fließendem Wasser und erzeugt eine langsame Drehung. Um schneller und schärfer zu wenden, benutzt man das Bugruder.

Das Bugruder

Das Bugruder ist ein sogenannter **Verbundschlag**, d. h. er besteht nicht aus einer einzigen Bewegung, sondern aus einer Abfolge verschiedener Zug- und Druckbewegungen, so wie Verstellungen des Paddelblatts. Er kann die Fahrt vermindern oder erhöhen, er kann das Boot in eine lange Drehung bringen (ohne seine Geschwindigkeit zu mindern) oder den Kajak fast auf der Stelle herumreißen. Obwohl das Anwendungsspektrum so weit ist, ist die Grundtechnik relativ einfach.

– Lassen Sie das Boot in ruhigem Wasser laufen.
– Leiten Sie die Drehung mit einem Vorwärtsschlag ein.
– Der Oberkörper wird in Drehrichtung gedreht.
– Sobald der Vorwärtsschlag beendet ist, heben Sie den Arm über die Vorderseite Ihres Kopfes und lassen den Paddelschaft herunterhängen.
– Mit dem anderen Arm stoßen Sie das Blatt in Kniehöhe ins Wasser.
– Öffnen Sie die Anströmungskante des Paddels, damit das Wasser zum Boot fließt.
– Drücken Sie das Boot mit dem äußeren Knie in die Drehung.

Schauen Sie sich das Foto an und beachten Sie die folgenden Punkte:

– Von vorne gesehen befindet sich das gesamte Paddel auf der Arbeitsseite des Kajaks.
– Beide Handgelenke sind ganz nach hinten gedreht, um das Blatt zu öffnen.
– Das Blatt steckt ganz im Wasser.

Zur Erinnerung:

– Die Drehung wird immer durch einen Schlag eingeleitet.
– Die Kraft für die Drehung kommt aus der Hüfte, sie wird über die Fuß- und Kniestütze ins Boot geleitet.

Sobald das Boot die Drehung beendet hat, entspannen sich Ihre Handgelenke, das Blatt und die untere Hand befinden sich in der richtigen Position, um das Boot vorwärtszutreiben. Üben Sie die Wende in flachem Wasser.

– Versuchen Sie, das Boot in Fahrt zu halten. Wenn die Wende beendet ist, müssen Sie in einer Vorwärtsbewegung sein.
– Wechseln Sie möglichst rasch vom Vorwärtsschlag in die Bugruderposition.
– Drücken Sie den Kajak mit Ihren Bauchmuskeln herum.

Bugruder beim Eindrehen ins Stauwasser

Haben Sie vor, aus dem Strom in ein Stauwasser einzudrehen, gehen Sie so vor:

– Bringen Sie den Kajak mit einem Vorwärtsschlag über die Stromgrenze.
– Drehen Sie sich zur Seite, über die Sie drehen wollen.

Das Bugruder

Der äußere Fuß und die äußere Hüfte drücken den Kajak in die Drehung.

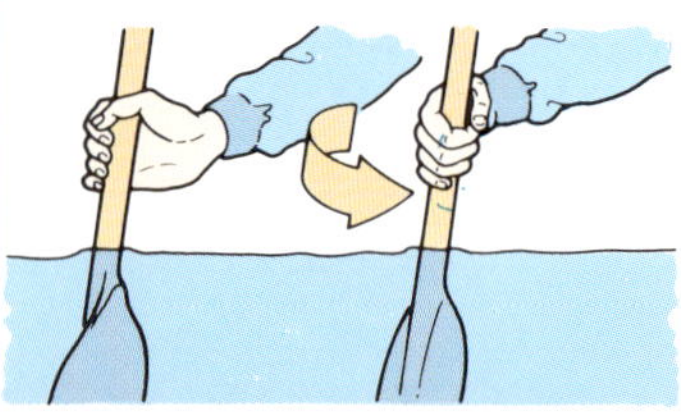

Das untere Handgelenk wird nach Bedarf gedreht.

Beim Einschwingen in ein Stillwasser wird das Bugruderblatt im Stillwasser plaziert, das Boot schwingt darum herum.

Der Bugschlag kontrolliert die Lage des Bugs. Man kann ihn auch zum Steuern benutzen, um auszuweichen. Ansonsten wird er die Drehung verlängern, die durch das Bugruder eingeleitet wurde.

Links und unten: Das Bugruder besteht aus einer Folge von ziehenden, drückenden Schlägen und Verkantungen mit dem Ruderblatt. Anders ausgedrückt: Das Bugruder ist ein Verbundschlag. Man kann damit beschleunigen oder abbremsen. Außerdem kann man ihn benutzen, um lange Drehungen ohne Geschwindigkeitsverlust durchzuführen. Trotz der anscheinend schwierigen Technik, läßt sich das Bugruder leicht einsetzen.

- Stechen Sie das Blatt ins Stauwasser.
- Wenden Sie das Boot so weit wie nötig.
- Beenden Sie die Drehung mit einem kräftigen Vorwärtsschlag.

Das Eindrehen ins Kehrwasser wird durch die Strömungen unterstützt. Das Blatt wird nur wenig geöffnet, d.h. es steht fast parallel zum Boot. Der kräftige Vorwärtsschlag zum Schluß ist ein kurzer Zug, der aber immer ausgeführt wird. Man nennt ihn auch den Ausgleichsschlag, er verhindert das Zurückpendeln des Kajaks.

Der Bugruderschlag darf nicht halbherzig ausgeführt werden. Um zu funktionieren, muß Kraft und Entschlossenheit dahinter stecken, denn sonst erreicht man weder die richtige Stellung der Handgelenke noch die außerordentlich wichtige Öffnung des Blattes. Für diesen Schlag brauchen Sie ein langes Blatt, in sehr flachem Wasser kann es Schwierigkeiten geben. Unter diesen Bedingungen sollten Sie besser mit einer flachen Paddelstütze und einem Rückwärtsschlag arbeiten.

Aufkanten und Hüftknick

Beim Drehen ins Stauwasser brauchen Sie von beidem ein wenig. Wollen Sie beschleunigt wenden, dann kanten Sie stark auf. Wildwasserfahrer benutzen diese Möglichkeit, wenn Sie während der Wende feststellen, daß sie schneller als beabsichtigt drehen müssen.

Der Bugschlag

Wenn Sie das Blatt aus der Bugruderposition in Richtung Ihrer Füße und zum Boot hin ziehen, haben Sie eine bessere Kontrolle übe den Bug. Das kann nützlich sein, wenn man einen Zusammenstoß vermeiden will oder wenn Sie das Boot vorsichtig ›einfädeln‹ wollen. Der Bugschlag kann für sich alleine als eine Variante des Bugruders oder in Verbindung mit dem Bugruder angewandt werden.

RÜCKWÄRTS

Es wird nur wenige Situation geben, in denen Sie rückwärts paddeln wollen, aber es ist nicht ungewöhnlich, daß Sie in einer Stromschnelle unfreiwillig gedreht werden, und daß der Kajak beschlossen, hat, so weiter fahren zu wollen. Aus diesem Grund und weil einige Wildwassermanöver Konterschläge erfordern, müssen Sie lernen, Ihr Boot rückwärts zu paddeln.

Als erstes müssen Sie das Boot auf geradem Kurs halten. Der Trick besteht darin, das Boot nicht zu schnell werden zu lassen und natürlich ein Ausschwingen des Hecks zu verhindern. Rückwärtspaddeln ist eine drückende Bewegung, dafür benötigen Sie noch mehr Körperdrehung als bei Vorwärtsfahrt, denn der Konterschlag beginnt weiter hinten, als Sie normalerweise reichen können. Zum Eintauchen drehen Sie sich weit zur Seite, die Drehung verringert sich, wenn das Blatt die Hüfte passiert. Rückwärtspaddeln ist eine hervorragende Übung für die Flexibilität der Hüfte und kommt Ihrer Technik bei Vorwärtsfahrt zugute.

SICHT

Es ist von großer Wichtigkeit, daß Sie sehen, was hinter Ihnen liegt und wohin das Heck zeigt. Sie sollten einen schnellen Blick über jede Schulter werfen, wenn sie Paddelschläge ausführen, die nötig sind, um Ihre Lage zu stabilisieren. Anschließend sollten Sie sich für eine Seite entscheiden, das erleichtert Ihnen, das Heck im Auge zu behalten. Außerdem bleibt Ihre Bezugsebene ungestört, das ist das optisch gesteuerte Gleichgewichtsorgan, das wie eine Art künstlicher Horizont arbeitet.

Kraft und Kontrolle

Falls Sie viel Kraft benötigen, müssen Sie das Paddel dicht am Boot tief durchs Wasser drücken. Steuern Sie flußabwärts und haben dabei Schwierigkeiten, das Boot in kleine Stromzöpfe einzufädeln, ist eine Folge weiter, flacher Schläge besser. Üben Sie beide Versionen, so daß Sie sie bei Bedarf sofort einsetzen können.

AUFSTOPPEN

Üben Sie das Aufstoppen des Kajaks aus schneller Vorwärtsfahrt. Das ist ein häufig vorkommendes Manöver in Stromschnellen, z.B. um einem anderen Paddler auszuweichen oder um

Rückwärtspaddeln

Beim Rückwärtspaddeln müssen Sie die Körperdrehung noch vergrößern, nicht nur um den Schlag anzusetzen, sondern auch, damit Sie nach hinten blicken können. Um Geschwindigkeit aufzunehmen, führen Sie das Paddel dicht am Rumpf; zum Steuern wählen Sie einen großen Abstand.

Der Ziehschlag

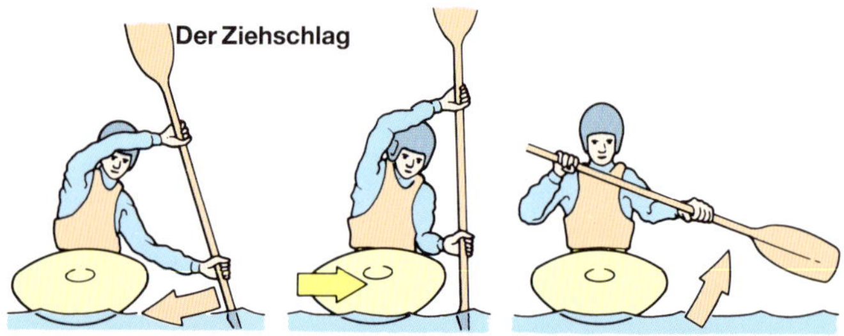

Kräftige Seitwärtsbewegungen stellen ein wichtiges Manövrierelement in strömenden Gewässern da. Das Paddelblatt wird tief ins Wasser getaucht, dann zieht man den Kajak seitlich zum Blatt hin. Damit bringt man das Boot in die richtige Ausgangsposition vor einem Katarakt.

einen wenig freundlichen Gegenstand zu vermeiden, den man nicht eher gesehen hat! Aufstoppen bedeutet, daß die Bewegungsenergie Ihres Körpergewichts plus des Gewichts des Kajaks aus einer Geschwindigkeit von 20-25 km/h auf Null gebracht werden soll. Dafür ist einige Kraft erforderlich!

– Benutzen Sie kurze, scharfe Konterschläge, die in erster Linie Druck erzeugen und nur wenig Drehung bewirken.

– Tauchen Sie das Blatt nur teilweise ein, das erleichtert das schnelle Zurückziehen.

– Behalten Sie das Hindernis im Auge.

SEITLICHE BEWEGUNG

Der Schlag, der eine seitliche Versetzung des Kajaks bewirkt, wird *Ziehschlag* genannt. Die Position des Paddelschafts ähnelt sehr der beim Bugruder.

– Sitzen Sie aufrecht und drehen Sie sich leicht in die Richtung, in die Sie sich ziehen wollen.

– Ihr erhobener Arm soll quer vor Ihrer Stirn stehen, das Paddel steht fast senkrecht.

– Drücken Sie mit dem unteren Arm das Blatt weg, und drücken Sie es ganz ins Wasser.

– Ziehen Sie sich zum Blatt hin.

Das Boot bewegt sich zur Seite!

– Bevor das Boot das Paddel erreicht, drehen Sie Ihr Handgelenk nach innen und ziehen Sie das Blatt aus dem Wasser. Sollten Sie noch mehr Weg zur Seite machen müssen, wiederholen Sie den Schlag einfach.

Sie sollten üben, das Blatt wieder in die Ausgangsposition zu bringen, ohne das Blatt aus dem Wasser ziehen zu müssen. Das ist zwar nicht immer schneller, aber es erleichtert Ihnen die Kontrolle über die Richtung zu behalten.

– Sollte der Kajak aus der Richtung laufen, während Sie ziehen, korrigieren Sie, indem Sie entweder mehr nach vorne oder nach hinten ziehen.

Was ist beim Ziehschlag zu beachten?

– Der obere Arm bleibt angehoben, bis der Schlag beendet ist.

– Die Sicht darf durch den erhobenen Arm nicht behindert werden, Sie müssen *unten* durchgucken können.

– Das Wasser muß unter dem Boot durchgedrückt werden. Es darf nicht über das Deck gespritzt werden. Es ist sinnvoll, die Arbeitsseite des Kajaks anzukanten, sobald Sie mit aller Kraft ziehen, damit dieser Effekt erreicht wird.

– Falls Sie mehrer Ziehschläge hintereinander machen, beteiligen Sie die obere Hand am Drehen, denn das kann ganz schön anstrengend werden.

– Blicken Sie weiter nach vorne, aber achten Sie auf die Tiefe. Das Hineinziehen in flaches Wasser kann eine feuchte Erfahrung werden.

Wriggen

Das Wriggen ermöglicht es, einen fortlaufenden seitlichen Druck aufzubauen. Der untere Arm beschreibt mit dem Blatt fortwährend liegende Achten. Das Wriggen ist eigentlich nichts anderes als eine Kette von Ziehschlägen, aber man kann nicht so viel Kraft hineinlegen wie in den Grundschlag. Beim Wriggen muß man den Oberkörper ganz drehen, und die Arbeitsseite des Kajaks ankanten.

STÜTZTECHNIK

Es ist überflüssig zu erwähnen, daß Sie in der Lage sein müssen, das Kentern zu vermeiden, denn beim Fahren auf dem Wildwasser versuchen viele Kräfte Sie umzuwerfen. Die Antwort darauf ist die *Stütze*. Das Vermögen inmitten einer Stromschnelle eine solide Paddelstütze zu produzieren ist nicht nur nützlich – es ist unabdingbare Voraussetzung!

Wenn Sie auf dem Fußboden sitzen und jemand stößt Sie an, werden Sie instinktiv Ihre Hand flach auf den Boden pressen, um Ihr Gleichgewicht zu erhalten. Die Paddelstütze im Kajak bewirkt nichts anderes, und Ihre instinktive Reaktion muß im Kajak dieselbe sein. Die flache Paddelstütze

Der Ziehschlag läßt das Boot zur Seite rutschen. Das Paddel wird ganz ähnlich wie beim Bugruder gehalten.

kennen Sie schon von den Drehschlägen.
Ohne den Griff zu lockern, drücken Sie die Rückseite des Blatts auf das Wasser. Sie führen eine drückende Bewegung aus, ähnlich wie beim Konterschlag. Der Lohn des Kontakts des Blattes mit der Wasseroberfläche ist die Wiedergewinnung der Balance. Das Blatt wird durch die Belastung unter die Oberfläche gedrückt werden, wenn Sie jetzt Ihre Ellbogen sinken lassen, schießt es vertikal an die Oberfläche.

Die hohe Stütze

Wenn die kenternden Kräfte groß sind und Sie völlig aus dem Gleichgewicht sind, ist die flache Stütze nicht mehr anwendbar. Jetzt ist die hohe Stütze die richtige Reflexbewegung für Sie.
– Halten Sie den Paddelschaft in Schulterhöhe, das Blatt soll rechts mit der Druckseite nach unten zeigen.
– Bringen Sie das Boot in dieser Richtung aus dem Gleichgewicht.
– Das Blatt trifft auf das Wasser.
– Bringen Sie den Kajak mit Hilfe der Hüften und Schenkel nach oben, *ziehen* Sie am Paddel.
– Bringen Sie Ihren Oberkörper ins Gleichgewicht.

Das Geheimnis der Stütze ist der Bewegungsablauf, der das Boot wieder aufrichtet. In unserem Beispiel drückt der rechte Schenkel den Rumpf wieder in die Horizontale. Tatsächlich ist das eine kräftige Drehung des Unterbauchs, die vom Hüftknochen übertragen wird. Die Bewegung haben wir schon beim Aufkanten durchgeführt, aber jetzt muß sie reflexartig ausgeführt werden. Durch gute Hüftarbeit verringern Sie die Kraft auf dem Paddel dramatisch und verbessern Ihre Chance erheblich, an der Oberfläche zu bleiben.

Weiter wichtige Punkte

– Versuchen Sie, den Paddelgriff unter Kopfhöhe zu halten. Andernfalls können Ihre Schultergelenke überlastet und ausgekugelt werden.
– Ihr Ziel muß sein, den Paddelschaft nahe der Horizontalen zu halten. Je mehr er aus der Horizontale kommt, desto geringer wird die Unterstützung.
– Kämpfen Sie. Geben Sie nicht auf, ohne eine Stütze versucht zu haben, und versuchen Sie es mit ganzem Einsatz.
– Üben Sie hohe Paddelstützen abwechselnd auf beiden Seiten.
– Üben Sie weiter! Das ist die einzige Möglichkeit, den Bewegungsablauf zu automatisieren. Nur üben übt!
– Um das Blatt nach einer gelungenen Stütze aus dem Wasser zu bekommen, drehen Sie die Handgelenke nach innen, und das Blatt kommt vertikal aus dem Wasser.

Wriggen und Stützen

Sie können das Blatt in der Stützstellung halten, wenn Sie dabei wriggen. Leichte Bewegungen aus dem Handgelenk halten die Anschnittskante an der Oberfläche. Trotzdem müssen Sie den Schaft möglichst horizontal halten, denn ein großer Teil Ihres Gewichts hängt an ihm.

Wriggen

Das Blatt wird schnell hin und her bewegt, das erzeugt einen ständigen seitlichen Druck. Das Wriggen ist eine gute Übung im ruhigen Wasser, weil der Paddler ein gutes Gefühl für sein Paddel und den richtigen Anstellwinkel entwickelt.

Die hohe Stütze

Die Stütze ist die Hauptwaffe gegen das Kentern. Sobald der Fluß sein Bestes tut, um Sie baden zu schikken, wehren Sie sich mit der Stütze. Die Kraft des Paddels wird in den Körper übertragen, damit eine Reflexbewegung der Hüften erzeugt wird, die den Kajak wieder aufrichtet. Ein guter Paddler macht das ganz instinktiv.

VERBUNDENE SCHLÄGE

Zwar haben wir jetzt die einzelnen Schläge getrennt untersucht, aber es wäre falsch anzunehmen, daß ein Kajak durch scharf voneinander getrennte Schläge manövriert wird. Sollten Sie mal einem Könner zuschauen, werden Sie feststellen, daß alles ein einziger fließender Bewegungsablauf ist, die verschiedenen Schlagarten sind kaum auszumachen. Trotzdem können Sie sicher sein, daß der Paddler die Grundbegriffe des Kajakfahrens meisterhaft beherrscht. Was Sie sehen, ist eine subtile Mischung der Grundschläge, einer geht fließend in den anderen über. Diese Meisterschaft erreicht man nur durch harte Arbeit, ein gutes Gefühl für die Lage des Boots im Wasser und das Verständnis, wie der ›Bach‹ arbeitet. Es ist immer ein ästhetisches Vergnügen, einem Meister seines Faches zuzuschauen.

Wege zur Verbesserung der Technik

– Üben Sie verbundene Schlagabläufe, indem Sie sich im flachen Wasser eine Hindernisstrecke abstecken, die enge und weite Kurven hat, Kehrschläge, Ziehschläge und auch Stützen erfordert.
– Studieren Sie bestimmte Verbindungsschläge ein, z. B. aus dem Vorwärtsschlag in den Kehrschlag oder vom Bugruder in den Vorwärtsschlag.
– Perfektionieren Sie das Unterschneiden und experimentieren Sie damit. Das kann vorkommen, wenn Sie das Blatt durch das Wasser ziehen oder über die Oberfläche rutschen lassen, um es in eine neue Anfangsposition zu bringen. Man kann es ausnutzen, um Schläge auf derselben Seite schnell zu verbinden, z. B. hohe Stütze zum kräftigen Vorwärtsschlag, Vorwärtsschlag zum Ziehschlag, Vorwärtsschlag zur Position ›drei‹ des Bogenschlags.

Oben: Die hohe Stütze wird angewendet, sobald die kenternden Kräfte drohen, Sie zu überwältigen.

Unten: Das Stützen mittels Wriggen erhält den aufrichtenden Effekt des Paddelblatts.

DIE ESKIMOROLLE

Sie können sicher sein, daß Sie häufig im Wildwasser kentern werden. Manchmal wird es geplant sein, weil Sie nicht widerstehen können, Ihr Boot in einer wunderschönen Welle auf den Kopf zu stellen. In den meisten anderen Fällen ist ein Fehler von Ihnen vorausgegangen, vielleicht haben Sie nicht den richtigen Weg genommen oder den Strom unterschätzt. Wieder ein anderes Mal bleibt Ihnen die Ursache verborgen. Jedenfalls treiben Sie jetzt kopfüber und brauchen sich für ein paar Sekunden keinen Gedanken über das Paddeln in Stromschnellen zu machen.

Was Sie jetzt können sollten, ist die Eskimorolle. Eine Stimme in Ihrem Hinterkopf ermahnt Sie aufzutauchen und etwas Luft zu schnappen, aber der Kajakfahrer in Ihnen siegt und Sie bleiben und machen sich fertig zur Rolle.
– Lehnen Sie sich vor, Nase zum Vordeck.
– Packen Sie das Paddel, wo auch immer es sein mag und bringen Sie es längsseits an den Kajak.
– Drücken Sie die Blätter klar über die Oberfläche.
– Der vordere Arm bringt das Paddel in eine rechtwinklige Lage zum Bootskörper.
– Mit derselben Hüftbewegung, die wir von der hohen Stütze kennen, drücken wir das Boot auf der Paddelseite in die Höhe.
– Der Kajak springt in die aufrechte Schwimmlage und geheimnisvollerweise folgt Ihr Körper.
– Instinktiv nehmen Sie einen langen Lungenzug frischer Luft, ein Schnauben befreit die Nase, und schon sind Sie wieder bereit für die nächste Aufführung dieser Nummer.

Ein zweiter Blick auf die Eskimorolle

Lernen Sie die Eskimorolle unter der Aufsicht eines erfahrenen Paddlers mit Ausbildungserfahrung. Die Bewegungen sind nicht schwierig; es gibt viele Wege für Sie, den Ablauf auszuprobieren. Sie müssen geduldig sein, denn Ihr Lernsystem braucht seine Zeit, um die einzelnen Bewegungen einzuordnen. Viele Leute benötigen nur wenige Versuche, um die Rolle zu

Unten: Der Paddel ist in einem Stopper gefangen, er stabilisiert sich durch Wriggen.

beherrschen, bei anderen dauert es länger, aber ich habe nie erlebt, daß es jemand nicht gelernt hat, der unverdrossen geübt hat.

Gewöhnung an das Wasser

Sollten Sie nicht völlig entspannt sein, wenn Sie mit dem Kopf nach unten im klaren ruhigen Wasser des Trainingsteichs hängen, müssen Sie sich als erstes an diese Haltung gewöhnen.

– Eine zweite Person sollte in Ihrem Sichtbereich neben dem Kajak stehen, während Sie unter Wasser spielen.

– Versuchen Sie, einen Gegenstand vom Boden aufzunehmen und ihn oberhalb des gekenterten Rumpfes in die andere Hand zu geben.

– Beugen Sie sich nach vorne (Nase an das Vordeck), legen Sie die Arme um den Bootsrumpf, und lassen Sie den Partner das Boot aufrichten.

– Lassen Sie sich kopfüber hängen – recken Sie Ihren Kopf zur Wasseroberfläche und schwimmen Sie mit dem Kajak seitwärts. Lassen Sie sich von Ihrem Partner aufrichten, wenn Sie genug haben.

Ausrüstung

Während der ersten Lernphase sollten Sie nur wenig Kleidung, also auch keine Auftriebsweste und Helm tragen. Um die Angelegenheit etwas angenehmer zu machen, schützen Sie Ihre Schleimhäute mit einer Nasenklammer. Eine Schwimmbrille oder eine Tauchermaske sind eine große Hilfe bei den oben genannten Übungen.

Der Hüftschwung

Hier liegt der Schlüssel zur erfolgreichen Kajakrolle. Verstehen Sie die Bedeutung der Hüftbewegung, entwikkeln Sie ein Gefühl dafür, und das Umdrehen des Kajaks ist die einfachste Sache der Welt.

– Legen Sie sich dem Rücken flach auf den Boden.

– Drehen Sie sich in der Hüfte, so daß ein Bein über dem anderen liegt.

Die Eskimorolle

Die Grundposition: Beugen Sie sich nach vorne und zur Seite in Richtung Oberfläche. Das Paddel ist völlig an der Oberfläche.

Schieben Sie das Paddel über den Rumpf, setzen Sie jetzt den Hüftschwung und die Schenkel ein.

Führen Sie den Hüftschwung weiter, behalten Sie den Kopf und den Körper bis zum letzten Augenblick unter Wasser.

– Wiederholen Sie die Übung, jetzt soll es aber eine spontane und fließende Bewegung sein.
– Stellen Sie sich jetzt vor, Sie sind in Ihrem Kajak, die Knie liegen an den Stützen an, legen Sie sich zurück.
– Üben Sie die Bewegung.

Denken Sie in diesem Augenblick nur an die drehende Bewegung, die das Boot zum Aufrichten bringt.

Gehen Sie jetzt auf das Wasser und halten Sie sich an einem festen Gegenstand fest, z.B. am Beckenrand oder einem Paddel, das Ihnen Ihr Partner in Hüfthöhe hinhält.
– Neigen Sie Ihre Schulter ins Wasser und ziehen Sie das Boot mit sich.
– Pause
– Benutzen Sie den ruckartigen Hüftschwung, den Sie geübt haben, um das Boot aufzurichten.
– Ihr Körper folgt der Bewegung.
– Versuchen Sie es nochmals – legen Sie sich zurück, wenn Sie den Hüftschwung ausführen.
– Nochmal! Tauchen Sie Ihren Körper diesmal völlig ins Wasser und kippen Sie den Kajak um.

Das sollten Sie spüren:
– Ein ziehendes Gefühl an den Seiten des Oberkörpers; besonders über den Hüften.
– Die erste Bewegung im Wasser nach der Pause im Wasser ist das Drehen der Hüfte und das Anheben des Kajaks mit dem Schenkel.
– Keine Belastung auf den Armen, denn Ihr Körper folgt *automatisch* der Bootsbewegung.
– Eine schnelle Bewegung.
– Ihr Unterkörper bewegt sich ›losgelöst‹ vom Oberkörper.

Versuchen Sie die folgenden Übungen:
– Bringen Sie das Boot auf der Seite zum Kentern, die von Ihrem Partner abgewandt ist.
– Blicken Sie unter Wasser zu Ihrem Partner.
– Greifen Sie den Paddelschaft und packen sie ihn fest.
– Führen Sie den Hüftschwung durch.

Schließlich stellt sich Ihr Partner mit unter Wasser gefalteten Händen (ca. 30 cm tief) auf.
– Kentern Sie.
– Legen Sie Ihren Kopf in die Hände des Partners.
– Führen Sie den Hüftschwung aus.
– Bleiben Sie in der Rücklage.

Das Ziel dieser Übung ist es, Ihren Kopf unter Wasser zu halten, wenn Sie den Kajak hoch drehen.

Gebrauch des Paddels

Sobald Ihr Hüftschwung funktioniert, können Sie die Rolle immer ausführen, sollten Sie dabei irgend etwas als kleine Hilfe zur Hand haben, um so besser – ein abgebrochenes Paddelblatt beispielsweise oder den Neoprenstiefel Ihres Partners! Selbstverständlich kann man die Rolle auch unterstützen, indem man mit den leeren Händen an der Oberfläche paddelt!

Gebrauch des Paddels:
– Üben Sie ein paar hohe Stützen. Ziehen Sie sich dabei aus einer Position hoch, in der Ihr Körper völlig im Wasser liegt.
– Denken Sie daran, wenn das Blatt die Wasseroberfläche berührt, setzen Sie den Hüftschwung an. Lassen Sie den Körper im Wasser.

Ihr Partner soll jetzt das Blattende im Wasser festhalten.
– Kippen Sie das Boot um.
– Hüftschwung und Rücklage.

Die Ausgangsposition

Üben Sie die folgende Position:
– Der Rumpf ist nach vorne geneigt.
– Der vordere Arm greift nach vorne.
– Das Paddel liegt längsseits am Boot.

So werden Sie immer Ihre Rolle beginnen. Diese Position werden Sie immer nach dem Kentern einnehmen, gleichgültig wo Ihr Paddel vorher war. Es ist eine leichte Position, die im Gedächtnis haften bleibt, auch wenn Sie nach einer unverhofften Kenterung etwas desorientiert sein sollten. In flachen Gewässern schützt Sie Ihr Gesicht und stellt sicher, daß Sie in stabile Schwimmlage kommen.

Kippen Sie das Boot um und nehmen Sie die Position ein.
– Biegen Sie sich zur Wasseroberfläche und stoßen Sie den ganzen Paddelschaft in die Luft.
– Schwenken Sie das vordere Blatt um 90° und folgen Sie mit Ihrem Rumpf.
– Wenden Sie ihren alten Trick an – *Hüftschwung*.
– Ziehen Sie das Paddel weiter nach hinten.
– Sie schwimmen aufrecht.

Lassen Sie das Paddelblatt so lange im Wasser, bis Sie wieder zu Atem gekommen sind und sich orientiert haben. Paddeln Sie weiter.

Übungen zum Hüftschwung

Oben: Beginnen Sie aus einer halbgekenterten Position. Richten Sie den Kajak mit einem kräftigen Hüftschwung und dem Druck Ihrer Knie auf. Sobald Sie diese Bewegung verinnerlicht haben, versuchen Sie dasselbe aus der vollständigen Kenterung. Wenn Sie das gut können, führen Sie die Übung mit einer Hand, dann mit einem Finger durch.

Rechts: Rollübungen, bei denen Ihr Kopf in den Händen eines Partners ruht, haben einige positive Aspekte:
1. Das Recken zur Oberfläche vor dem Ansetzen des Hüftschwungs.
2. Kopf und Schulter bleiben gut unter Wasser, während der Hüftschwung ausgeführt wird.

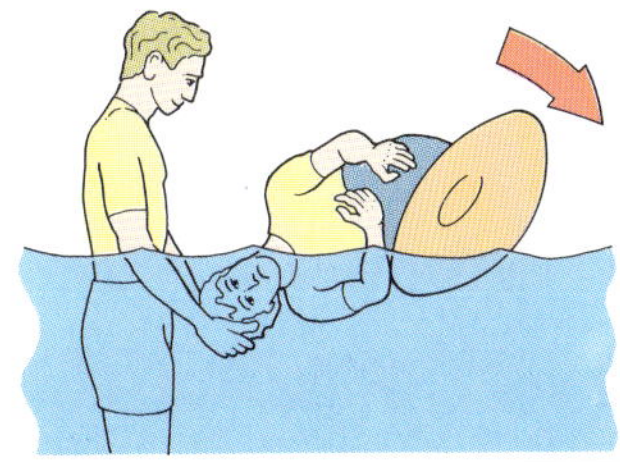

Wenn sie Schwierigkeiten haben

– Benutzen Sie die Schwimmbrille oder die Tauchermaske, um die Position des Paddels an der Oberfläche und der 90°-Position zu überprüfen.
– Bitten Sie jemanden Ihren Hüftschwung zu beobachten und zu kritisieren.
– Das richtige Timing ist wichtig. Setzten Sie den Hüftschwung nicht an, bevor das Paddel in der 90°-Position ist.

Letzte Tips

– Machen Sie beim Üben viele Pausen.
– Beobachten Sie aufmerksam fortgeschrittene Kameraden bei der Rolle.
– Die Rückenlage erleichtert Ihnen die Körperkontrolle. Sobald Sie die Rolle wie im Schlaf beherrschen, können Sie darauf verzichten.
– Üben Sie Ihre Rolltechnik später zuerst in kaltem Wasser, dann im Wildwasser.
– Sollten Sie viele Fehlversuche haben, vergrößern Sie den Hebelarm des Paddels, indem Sie mit der hinteren Hand an das Blatt fassen und mit der vorderen Hand weiter unten an den Schaft greifen.

VIERTES KAPITEL

BEHERRSCHUNG DES WILDWASSERS

Es sind nur wenige Manöver, die Sie beherrschen müssen, um ein Stück Wildwasser befahren zu können. Sie müssen in den Strom ausschwingen und wieder einschwingen können, außerdem müssen Sie den Fluß überqueren können. Wenn Sie am Ufer in Ihren Kajak klettern, befinden Sie sich noch nicht im Einflußbereich des Hauptstroms. Entweder sind Sie in einem Kehrwasser oder Stauwasser, oder aber der Strom fließt am Ufer wesentlich langsamer. Der Bug des Bootes zeigt stromaufwärts. Der Start aus dieser Position wird *Einschwingen* genannt. Dreht man aus dem Strom in ein Stauwasser oder in die langsamere Strömung in Ufernähe, ist das das Ausschwingen. Als Oberbegriff für beide Manöver verwendet man den Begriff *Kehrwasserfahren*, weil die Eigenschaften des Kehrwassers ausnutzt werden. Der Paddler läßt den Strom die Arbeit machen, dabei kann er Kräfte sparen und sich an dem Manöver erfreuen.

Gute Kehrwassermanöver bestehen aus drei Elementen:
– Gleichgewicht – gehen Sie mit den Kräften der Wende so um, daß die Stabilität auch beim Aufkanten erhalten bleibt.
– Präzision – bringen Sie den Kajak so in Position, daß die Wende klappen wird, wenn Sie die Kräfte des Stroms geschickt ausnutzen.
– Timing – paddeln Sie energisch aber kräfteschonend und benutzen Sie die Schläge in der richtigen Reihenfolge.

DAS EINSCHWINGEN

Zuerst müssen Sie erkennen, wo die Stromgrenze verläuft, sie ist Ihr wichtigster Anhaltspunkt. Schwingen Sie jetzt nach rechts in Strom ein.
– Beschleunigen Sie durch das Stauwasser und versuchen Sie, die Stromgrenze im Winkel von 45° zu treffen.
– Bringen Sie den Kajak mit einem Vorwärtsbogenschlag links durch die Stromgrenze.
– Beobachten Sie den Bug Ihres Bootes; sobald er auf die Stromgrenze trifft, kanten Sie die Bergseite (linke Seite) des Kajaks an.
– Führen Sie auf der rechten Seite eine tiefe Stütze durch.
– Das Boot gleitet vorwärts und dreht talwärts.
– Machen Sie das Boot beständig und paddeln Sie los.

Es ist wichtig, daß der Kajak während der Drehung in Fahrt bleibt, damit die Stromgrenze mit dem gesamten Rumpf passiert wird. Das Aufkanten bewirkt zweierlei:
1. Die Bergseite wird aus dem herabstürzendem Wasser herausgehoben, das liebend gern auf das Deck drükken und eine Kenterung verursachen möchte.
2. Der Strom kann hinter die untere Seite greifen und bei der Drehung hilfreich sein.

Schlagrhythmus

Am Anfang muß mit kräftigen Vorwärtsschlägen beschleunigt werden. Betonen Sie während der Bogenschläge das zweite Drittel, sie werden merken, daß Sie mit dem Aufkanten begonnen haben, bevor der Schlag beendet war. Die tiefe Stütze versorgt Sie mit einem guten, soliden Handgriff, den Sie während des Aufkantens nutzen können. Denken Sie daran, die Ellbogen hoch zu halten, knicken Sie in der Hüfte ein und kanten Sie an.

Powerwende

Möchten Sie, daß das Boot während der Drehung beschleunigt, ersetzen Sie die tiefe Stütze durch einen Bugruderschlag. Sie stechen das Ruderblatt tief in den Strom, sowie Sie den letzten Bogenschlag beendet haben. Aufkanten und Hüftknick sind vonnöten, Sie balancieren den Schwung der Drehung am Paddelschaft aus, das ist zwar etwas kippelig aber sehr schnell.

DAS AUSSCWINGEN

Das Ausschwingen besteht aus drei Phasen:
– Die Vorbereitung – machen Sie das Kehrwasser aus und fahren Sie darauf zu.
– Ansteuerungswinkel – legen Sie

Links und unten: Der Paddler benutzt beim Ausschwingen eine tiefe Stütze. Das Paddel liegt flach nach vorne auf. Beachten Sie, daß das Boot seine Fahrt nicht verlieren darf, damit Sie mit dem gesamten Rumpf über die Stromgrenze kommen.

Einschwingen

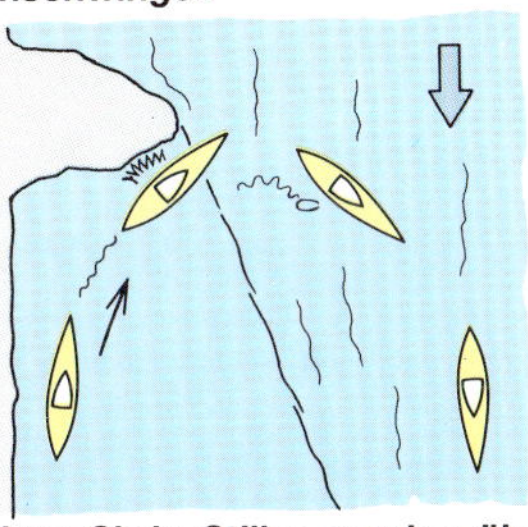

Fahren Sie im Stillwasser los, überqueren Sie die Stromgrenze, dann fahren Sie talwärts weiter. Kanten Sie die Bergseite an.

Ausschwingen

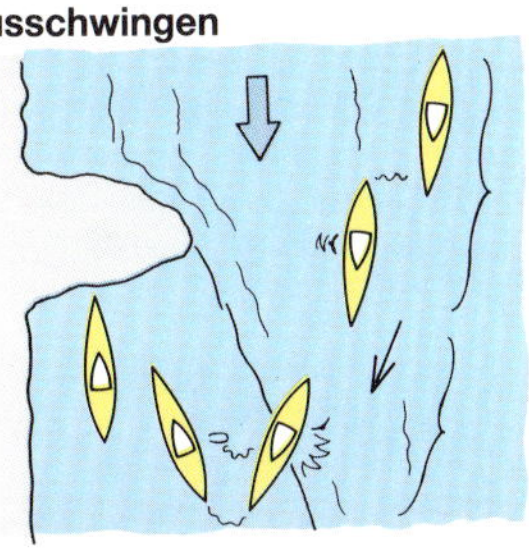

Halten Sie rechtzeitig auf das Stillwasser zu. Bringen Sie das Boot über die Stromgrenze. Sobald der Kajak anfängt zu drehen, müssen Sie die Talseite ankanten.

den Winkel fest, in dem Sie sich der Stromgrenze nähern wollen.
– Die Drehung – wählen Sie eine Schlagkombination, die der Drehgeschwindigkeit der Wende und der Tiefe des Stauwassers entspricht.

Sollten Sie während des Ausschwingens einen Fehler machen, werden Sie am Stauwasser vorbeitreiben. Das ist kein Spaß, wenn man bei diesem Kehrwasser den Fluß verlassen wollte.

Durchführung

– Sie wissen, daß das Stauwasser kommt, halten Sie die Augen auf.
– Entscheiden Sie sich, ob Sie es nutzen wollen, wenn nicht, fahren Sie weiter – entscheiden Sie sich.
– Bewegen Sie sich sofort darauf zu, und zwar entweder:
1. Durch einen kräftigen Spurt, oder
2. durch Ziehschläge und Vorwärtspaddeln, oder
3. durch eine Seilfähre rückwärts.
– Passieren Sie vorsichtig das Hindernis, das das Stauwasser entstehen läßt.

Treiben Sie den Kajak mit einem Bogenschlag über die Stromgrenze.
– Kanten Sie dabei auf.
– Benutzen Sie eine tiefe Stütze, um die Wende zu beenden. Stabilisieren Sie das Boot mit einem Korrekturschlag vorwärts.

Ein *Bugruderschlag* im Kehrwasser anstelle der tiefen Stütze, verleiht Ihnen bei der Passage der Stromgrenze eine bessere Kontrolle, aber er ist nichts für nervöse Paddler.
Für welche Schlagkombination Sie sich auch entscheiden, Sie müssen das Ausschwingen energisch angehen. Man braucht Kraft und Angriffsgeist und natürlich technisches Können, um dem Griff des Stroms zu entkommen.

DER S-TÖRN

Der S-Törn ist ein Einschwung mit nachfolgendem Ausschwung. So kann man eine Stromzunge überqueren.

Anpeilen der Stromgrenze

Einige Stauwasser sind ausgedehnt und erstrecken sich vielleicht 100 m flußabwärts, andere sind kurz und schmal, nicht viel länger als Ihr Kajak. In beide kann man ausschwingen, aber das kurze kann man leicht verfehlen. Beim ersten Kehrwasser kommt es kaum darauf an, wo Sie die Stromgrenze queren, beim zweiten müssen Sie gleich hinter dem Anfang des Stauwassers queren. Sobald Sie die Stromgrenze entdecken, merken Sie sich einen imaginären Punkt, auf den Sie zuhalten. Diese Markierung ist Ihr Ziel, dort wollen Sie durch. Experimentieren Sie mit Zielpunkten in verschiedenen Abständen an derselben Stromgrenze an verschieden geformten Stauwassern.

Links und unten: Der Paddler benutzt beim Einschwingen den Bugruderschlag. Man hat damit nach dem Überqueren der Stromgrenze mehr Kontrolle über das Boot. Sollten Sie etwas ängstlich sein, ist sicher die tiefe Stütze ratsamer.

Liegt der Zielpunkt zu dicht am Hindernis, haben Sie zu wenig Raum zum Wenden. Setzen Sie den Zielpunkt zu weit stromabwärts an, kann die Stromdifferenz zu gering sein, so daß Sie das Kehrwasser verfehlen.

Anlaufwinkel und Geschwindigkeit

Bei einem großen sauber abgegrenzten Stauwasser queren wir die Stromgrenze in einem Winkel von ca. 45°. Der Winkel gewinnt an Bedeutung, wenn wir uns schwierigere Stauwasser vorstellen, z. B. ein langes, dünnes in der Strommitte. In diesem Fall ist ein großer Winkel besser, um das Stauwasser nicht gleich wieder auf der anderen Seite zu verlassen.
– Bringen Sie den Kajak in einigem Abstand vom Hindernis in Stellung.
– Wählen Sie einen weiten Winkel, damit Sie nicht über das Ziel hinausschießen.
– Knüppeln Sie das Boot vorwärts, und ziehen Sie es mit einem kräftigen Bogenschlag über die Stromgrenze.
– Pressen Sie das Ruderblatt in das Stauwasser und ziehen Sie den Kajak hinein.
– Energischer Korrekturschlag

Jetzt stellen wir uns eine Stromgrenze vor, von der der Strom schnell wegläuft. In diesem Fall ist ein spitzer Winkel geeignet, weil man sonst leicht am Stauwasser vorbeigetrieben wird.
– Bringen Sie sich mit Ziehschlägen in Position.

Der S-Törn

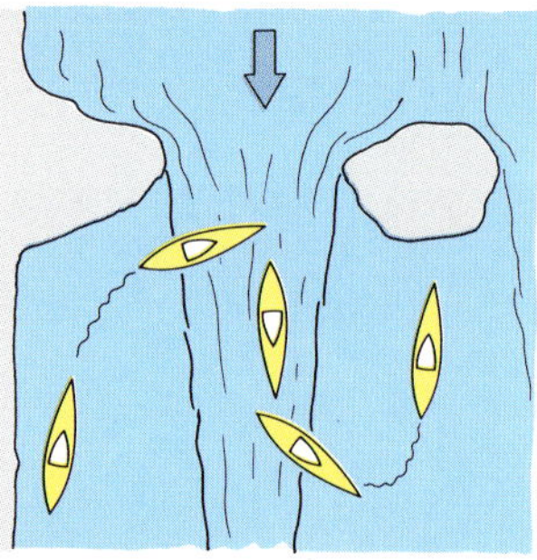

Von einem Stillwasser in das gegenüberliegende: Schwingen Sie fast rechtwinklig ein. Peilen Sie die andere Stromgrenze an und schwingen Sie aus.

Der richtige Zielpunkt

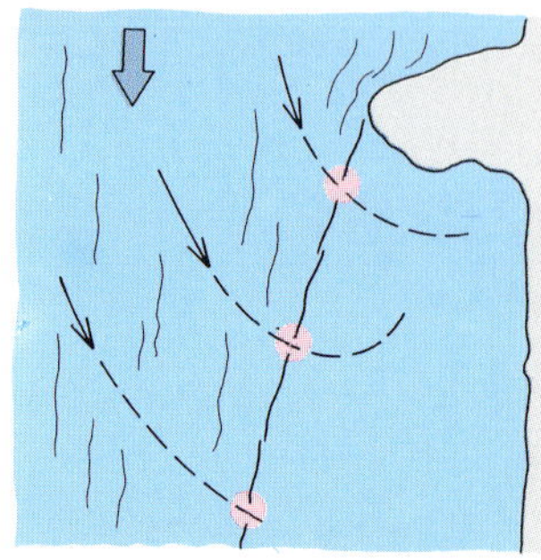

Wählen Sie Ihren Anlaufpunkt gut aus. Punkt B wäre optimal. Bei Punkt A könnten Sie den Kajak nicht aufdrehen und bei Punkt C wird die Stromgrenze unscharf.

– Bleiben Sie dicht am Hindernis und behalten Sie den spitzen Winkel bei. Behalten Sie langsame Fahrt bei, ggf. durch Rückwärtsschläge.
– Bringen Sie den Bug des Kajaks mit einem Vorwärtsbogenschlag ins Stauwasser.
– Drehen Sie sich schnell, um den Bugruderschlag ins Stauwasser zu bringen.
– Korrekturschlag.

Kehrwasserfahren rückwärts

Kehrwassermanöver während der Rückwärtsfahrt sind eine ausgezeichnete Balanceübung, aber es ist wichtig, daß man sie beherrscht bevor man in einer Stromschnelle unfreiwillig gedreht wird und rückwärts ausschwingen muß! Zuerst gucken wir uns den Schlag an, mit dem Sie sich ins Stauwasser ziehen wollen. Er wird *Stütze rückwärts* genannt und entspricht mit ein paar Modifikationen im wesentlichen der hohen Stütze.
– Das Blatt steht etwas vor dem Körper.
– Weil sich der Kajak rückwärts be-

Ansteuerungswinkel

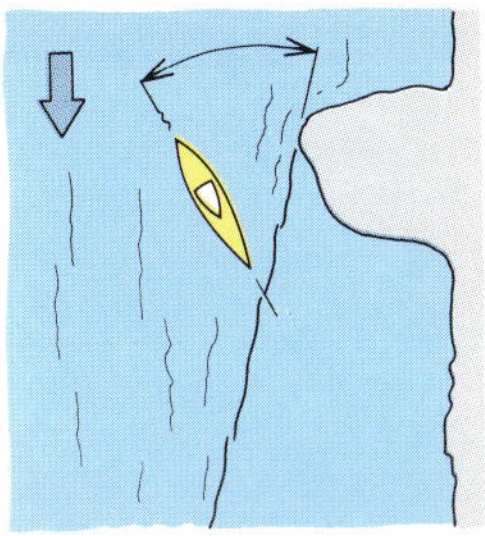

Der Winkel, mit dem Sie sich der Stromgrenze nähern, wird Ansteuerungswinkel genannt. Ziehen Sie ihn in Ihre Berechnungen ein, besonders wenn es sich um kleine oder schwierige Stauwasser handelt.

Großer Ansteuerungswinkel

Lange, schmale Stillwasser trifft man häufig hinter steil abfallenden Bänken oder hinter Blöcken an. Fahren Sie in einem weiten Winkel heran, damit Sie nicht durch das Stillwasser hindurchschießen.

Kleiner Ansteuerungswinkel

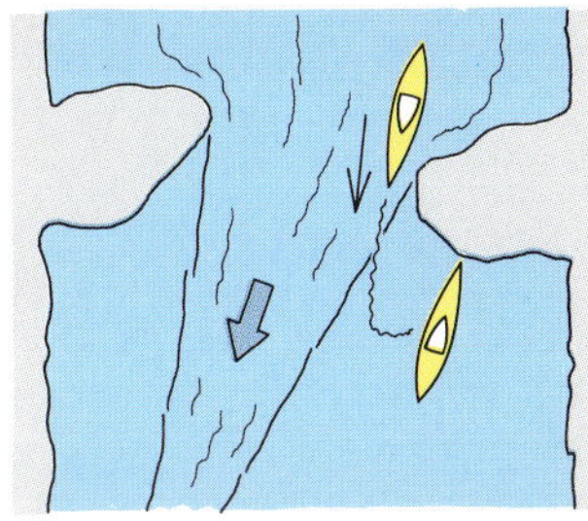

Schummeln Sie sich an die Grenzlinie heran. Schieben Sie die Nase des Kajaks mit dem 1. Takt des Bogenschlags in das Stauwasser, ziehen Sie sich dann mit einem kräftigen Bugruderschlag in das Stillwasser.

wegt, wird die Anschnittkante des Blatts etwas angehoben, der Kajak ist leicht angekantet.

Einschwingen rückwärts

- Boot in Position bringen, Stromgrenze soll im Winkel von 45° geschnitten werden.
- Beschleunigen Sie mit kräftigen Rückwärtsschlägen.
- Kanten Sie zur Bergseite auf, sobald das Heck die Stromgrenze erreicht hat.
- Rückwärtsschläge, um das Heck in den Strom zu bringen.
- Stütze rückwärts auf der Talseite.
- Gehen Sie zu Rückwärtsschlägen über.

Es ist eine große Hilfe für das Gleichgewicht, wenn Sie während des ganzen Manövers über eine Schulter nach hinten blicken.

Ausschwingen rückwärts

- Machen Sie die Stromgrenze aus, bestimmen Sie den Zielpunkt.
- Bringen Sie sich mit Ziehschlägen und Rückwärtspaddeln in Position.
- Behalten sie die Stromgrenze über die Schulter im Auge.
- Schieben Sie das Heck mit einem Bogenschlag rückwärts über die Stromgrenze.
- Aufkanten.
  - Stütze rückwärts.
- Korrekturschlag rückwärts.

Auch hier blickt der Paddler während des ganzen Manövers über die Schulter.

Drehen auf der Stromgrenze

Auch dieses Manöver hat einen aus-

Links: Beim S-Törn folgt dem Einschwingen sofort das Ausschwingen.

Unten: Lassen Sie das Boot talwärts drehen.

Rechts: Benutzen Sie das Bugruder hinter der Stromgrenze.

Einschwingen rückwärts

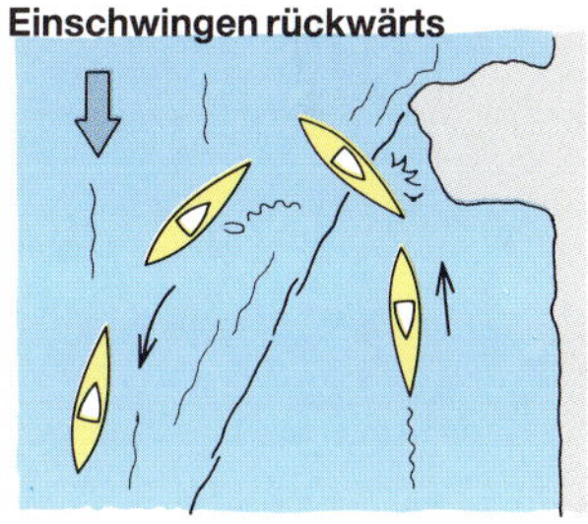

Ausschwingen rückwärts

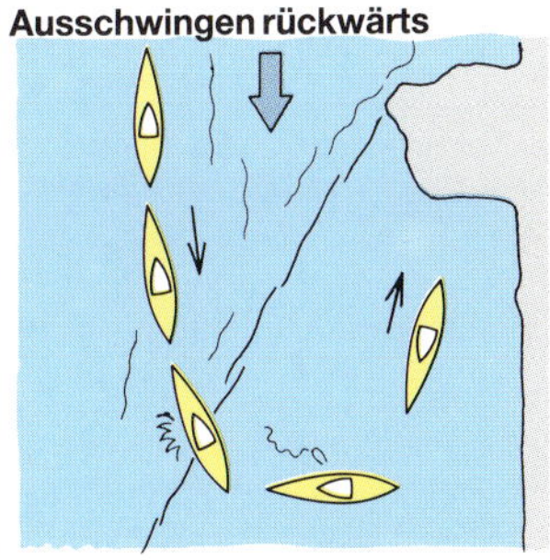

gezeichneten Übungswert, diesmal um das präzise Plazieren und das Gleichgewichtsgefühl zu trainieren. Beginnen Sie im Stauwasser dicht vor der Stromgrenze.

– Drücken Sie die vordere Hälfte des Kajaks mit einem Bogenschlag über die Stromgrenze.
– Kanten Sie die Talseite leicht an.
– Hindern Sie das Boot mit kurzen Rückwärtsschlägen daran in den Hauptstrom zu laufen.
– Der Kajak dreht sich.
– Drehen Sie mit einem Bogenschlag vorwärts den Bug in die Stromgrenze.
– Stechen Sie mit dem Bugruderschlag ins Kehrwasser und ziehen Sie sich hinein. Während der Drehung treibt der Kajak natürlich stromabwärts.

Sie können die Drehung so oft wiederholen, solange Sie auf der Stromgrenze schwimmen. Außerdem kann man so perfekt rückwärts in den Strom hinaus- oder in das Kehrwasser hineinschwingen. Das Manöver wird auch benutzt, um das Boot auf einem Katarakt aus der Rückwärtsfahrt zu drehen, auch wenn der Paddler nicht vor hat in das Stauwasser einzuschwingen, sondern vorwärts weiter zu paddeln. In diesem Fall benutzt man nur die halbe Drehung, wie in der Zeichnung mit den Buchstaben 1 und 2 beschrieben. Beachten Sie, daß bei der vollständigen Drehung Vorwärts- und Rückwärtsschläge abwechseln. Ein erfahrener Paddler kann mit wechselnden Bogenschlägen vorwärts und rückwärts *im Strom* das Boot in einer kreisenden Bewegung halten. Der Wechsel des Aufkantens während der Drehung ist außerordentlich wichtig. An einer starken Stromgrenze, an der das Wasser kocht und strudelt, wird sich nur ein sehr erfahrener Paddler an die Stromgrenzendrehung wagen.

Überqueren des Stroms

Die einfachste Möglichkeit durch die Strömung zu kommen, ist die *Seilfähre*. Bei der Seilfähre vorwärts zeigt der Bug stromaufwärts. Stellen Sie sich vor, Sie sitzen am Rand einer gleichmäßig fließenden Strömung.

– Stoßen Sie ab, und halten Sie durch Vorwärtsschläge Ihre Position.
– Drehen Sie den Bug leicht in Richtung des anderen Ufers.
– Sie spüren, wie der Strom gegen das Vorschiff drückt.
– Paddeln Sie weiter vorwärts, das Boot gleitet seitlich durch die Strömung. Üben Sie das Manöver erst in einer gleichmäßigen Strömung. Sollte der Kajak plötzlich querschlagen, bringen Sie ein paar kräftige Bogenschläge wieder in den richtigen Anstellwinkel.

Anstellwinkel

Lassen Sie den Bug erst aus der Strömung drehen, wenn Sie voll in der Strömung sind. Sie können vom Ufer oder der Stromgrenze wegkommen, indem Sie bei einem minimalen Anstellwinkel kräftig vorwärts paddeln, dann gleiten Sie in die Seilfährenposition. Um die Geschwindigkeit zu erhöhen, vergrößern Sie den Winkel, allerdings müssen Sie dann auch kräftiger und schneller paddeln. Sobald Sie spüren, daß Sie die Kontrolle verlieren, bringen Sie den Bug wieder gegen die Strömung.

Ungleichmäßige Strömungen

Sollte der Fluß eingelagerte Stromadern haben, wo die Fließgeschwindigkeit zunimmt, kann die Seilfähre ebenfalls verwendet werden.

– Setzen Sie ab und legen Sie Anstellwinkel und Paddelgeschwindigkeit fest.
– Sobald Sie auf schnelle Strömungen treffen, verringern Sie den Anstellwinkel und behalten Ihre Geschwindigkeit bei.
– Kommen Sie wieder in langsameres Wasser, vergrößern Sie den Winkel wieder.

Wenn Sie in das schnellere Wasser einfahren, müssen Sie die Bergseite des Bootes kurz ankanten. Befindet sich das gesamte Boot in der Strömung, können Sie es wieder auf ebenen Kiel bringen.

Seilfähre rückwärts

Die Beherrschung der Seilfähre rückwärts ist wichtig, wenn man ein Wildwasser ›nach Sicht‹ befährt, d. h. ohne vorherige Uferinspektion. Es gelten grundsätzlich dieselben Prinzipien wie bei der Seilfähre vorwärts. Für erste Übungen sollten Sie sich wieder eine gleichmäßige Strömung aussuchen.

– Fahren Sie in die Strömung.
– Wählen Sie einen kleinen Anstell-

Drehen auf der Stromgrenze

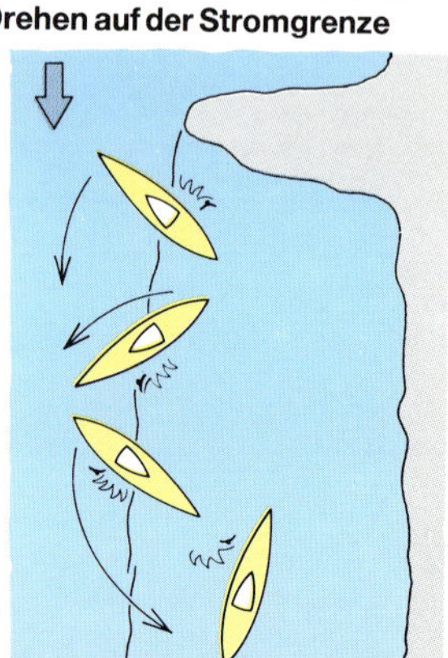

Oben: Fangen Sie oben an der Stromgrenze an. Kanten Sie auf, und bringen Sie den Rumpf halb in den Strom, halten Sie ihn dort und unterstützen Sie die Drehungen mit Bogenschlägen vorwärts/rückwärts.

Seilfähre vorwärts

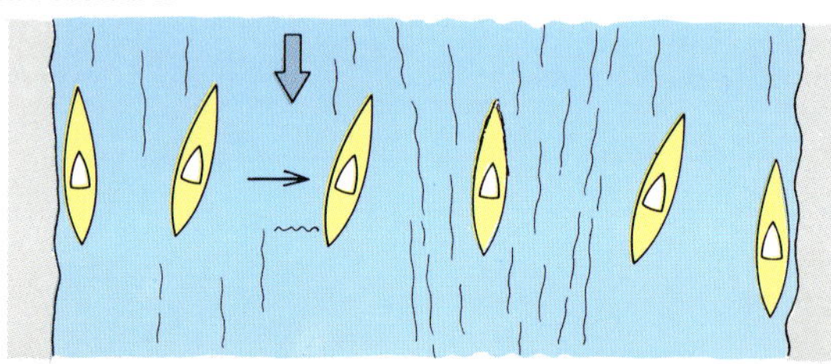

Setzen Sie vom Ufer ab. Wählen Sie den richtigen Anstellwinkel zum Strom. Paddeln Sie vorwärts, um die Höhe zu halten. Wenn sich die Stromstärke verändert, müssen Sie den Anstellwinkel ändern.

Anstellwinkel
Rechts: Je größer der Anstellwinkel, desto schneller müssen Sie paddeln, um die Höhe zu halten. Bei starkem Strom sollten Sie einen kleinen Anstellwinkel wählen, damit Sie die nötige Geschwindigkeit noch unter Kontrolle haben.

winkel und blicken Sie über die zu Tal zeigende Schulter nach hinten.
– Benutzen Sie lange Rückwärtsschläge.
– Blicken Sie die ganze Zeit nach hinten.

Sollte das Boot völlig aus dem Kurs laufen, bringen Sie es mit Vorwärts- und Rückwärtsschlägen wieder in die richtige Lage. Üben Sie dann wieder in einer ungleichmäßigen Strömung, und verändern Sie in der Strommitte die Richtung.

Einige Abschließende Bemerkungen zur Seilfähre

– Schauen Sie sich vor dem Ablegen die Strömung genau an.
– Behalten Sie entschlossen die Kontrolle über das Boot.
– Finden Sie gefühlsmäßig den richtigen Winkel.
– Kontrollieren Sie Ihre relative Position zum Ufer; man verliert leicht Weg flußabwärts.
– Achten Sie auf Blöcke, die im Weg liegen.
– Entwickeln Sie die Beweglichkeit Ihres Rumpfs.

TRAVERSIEREN

Werden zwei Stromgrenzen durch eine reißende Strömung getrennt, überwindet der Paddler sie mit einer sogenannten schnellen Seilfähre.
– Lassen Sie sich im Stauwasser zurückfallen, um Platz zum Beschleunigen zu haben.
– Überqueren Sie die Stromgrenze kraftvoll und im spitzen Winkel.
– Sobald der Bug in die Strömung kommt, kanten Sie die Bergseite an.
– Jagen Sie durch die Stromdüse, lassen Sie dabei das Boot aufgekantet.
– Ein Powerschlag auf der Talseite.
– Sobald der Kajak das Kehrwasser erreicht, die andere Seite aufkanten.

Die schnelle Seilfähre ist beendet!

Besteht die Gefahr, daß der Kajak in der Mitte der Strömung die Fahrt verliert, beschleunigen Sie mit ein oder zwei Powerschlägen auf der Talseite.

Schnelle Seilfähre

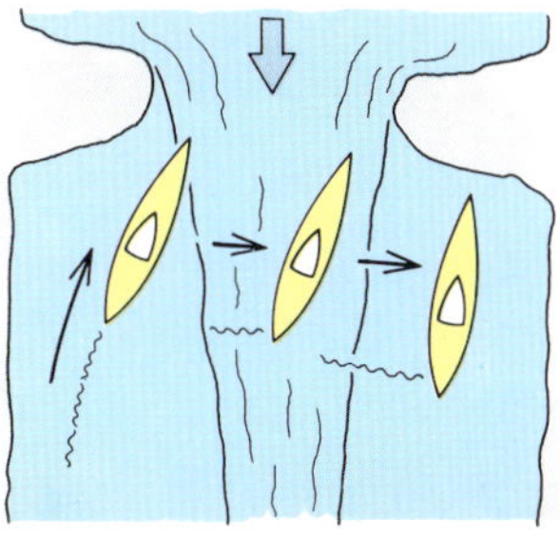

Um über eine schmale Stromzunge zu traversieren, überqueren Sie die Stromgrenze mit viel Fahrt. Arbeiten Sie mit einer schnellen Seilfähre.

Traversieren an einer Walze

Das Traversieren an einer stehenden Welle ist eine besonders elegante Lösung, weil es ohne große Kraftanstrengung ausgeführt werden kann.
– Bringen Sie den Bug aus dem Stauwasser in den Trog vor dem grünen Wasser oberhalb der Walze.
– Wählen Sie einen steilen Anstellwinkel.
– Kanten Sie die Bergseite auf.

Das Boot bewegt sich weich an der Welle entlang und bringt Sie ins Stauwasser auf der anderen Seite.
– Kanten Sie die andere Seite an.

Falls Sie die Seite wechseln wollen, sollten Sie immer nach einer Walze Ausschau halten. Sogar die kleinste stehende Welle hilft Ihnen das Boot hinüberzubringen. Den richtigen Anstellwinkel herauszufinden, ist von großer Wichtigkeit. Allerdings können Sie nur herumprobieren, wenn Sie sicher auf der Walze sitzen. Suchen Sie sich eine lange grüne Walze aus.
– Bringen Sie das Boot mit wenig Vorwärtsfahrt an die Frontseite der Walze.
– Kanten Sie die Bergseite auf.
– Sobald der Kajak während des Tra-

Ganz oben links, unten links, oben: Die schnelle Seilfähre wird in einer schmalen Stromzunge benutzt.

Traversieren an einer Walze

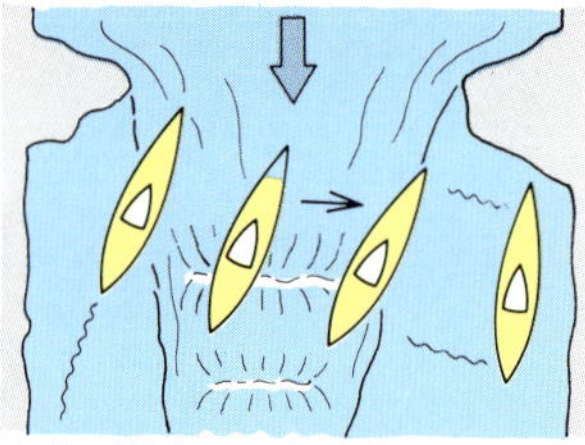

Ist eine Walze vorhanden, nutzen Sie sie, auch wenn sie noch so klein ist. Lassen Sie das Boot hinübersurfen, indem Sie das Boot zum Strom hin verkanten.

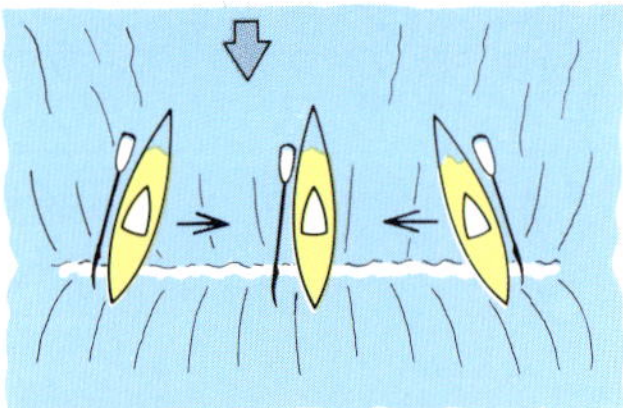

Benutzen Sie den Heckruderschlag, um auf der Welle zu bleiben. Das Paddel muß immer auf der Bergseite liegen.

Richtungsänderung auf der Walze. Kanten Sie das Boot auf der anderen Seite an, drücken Sie es mit dem Heckruder herum, nehmen Sie das Paddel auf die Bergseite.

versierens Fahrt verliert und von der Welle zu rutschen droht, setzen Sie auf der Bergseite das Heckruder ein.
– Bringen Sie den Bug ins Wellental zurück.
– Behalten Sie das Heckruder bei.

Die Traverse läuft ab wie geschmiert!

Ein Heckruder an der Bergseite, während die stromaufwärts zeigende Bootsseite angekantet ist, erfordert etwas Übung, aber zeitigt gute Erfolge. Das Blatt wirkt wie die Flosse eines Surfbretts, während der Kajak auf der Strömung reitet. Auf einer guten Welle, kann man während des Traversierens die Richtung ändern.
– Ziehen Sie herum, dabei kontrollieren Sie das Paddelblatt mit dem Arm.
– Das Boot kommt quer zur Welle.
– Kanten Sie die andere Seite an.
– Bringen Sie das Heckruder auf die anderen Seite.
– Traversieren Sie zur neuen Richtung.

S-Traverse

Es könnte sein, daß die Welle zwischen zwei Stromgrenzen keine saubere, grüne Walze ist, sondern eher einer Strohgarbe ähnelt, die an der Spitze aufplatzt. Das Fehlen der Länge und die steile Wellenfront macht die normale Traverse unpraktikabel, weil der Kajak an der Front herunterfallen und im Trog begraben werden würde. Er würde senkrecht auf der Spitze stehen und aus der Welle in den Himmel geschossen werden. Das ist zwar spaßig, hier aber nicht beabsichtigt.
– Bringen Sie das Boot im flachen Winkel an die Stromgrenze.
– Beschleunigen Sie durch die Stromgrenze, um das Boot flußabwärts zu drehen.
– Versuchen Sie die Walze so zu treffen, daß Ihr Sitz hinter dem Wellenberg liegt.
– Stützen Sie auf dem Wellenberg.
– Der Kajak schießt von der Walze in die Stromgrenze.
– Kanten Sie die andere Seite an, sobald Sie auf die Stromgrenze treffen. Dieses Manöver muß überwiegend nach Gefühl gefahren werden, weil Sie keine Chance haben, sich mitten im ›Strohhaufen‹ umzusehen. Halbblind blitzschnell in die Stromgrenze zu fliegen, ist eine echte Herausforderung, Sie müssen schnell die Aufkantseite ändern, wenn Sie spüren, daß das Boot auf die Stromgrenze trifft. Es ist günstig, wenn Sie den Weg mehrmals intensiv durchdenken, memorieren Sie die Stütze und das Umkanten.

UMGANG MIT STOPPERN

›Waschmaschine‹, ›Speckschneider‹ und ›Staubsauger‹ heißen drei berühmte Stopper auf europäischen Flüssen. Wie viele andere in aller Welt, die den Paddlern gut bekannt sind, stehen sie im Brennpunkt, sind sie besondere Herausforderungen. Das eigene Können und Kraft gegen diese üblen Monster einzusetzen, ist der Geist, der hinter dem Wildwasserpaddeln steht. Unbekannte Stopper, die man auf selten befahrenen Flüssen antrifft, muß man mit größter Vorsicht angehen, besonders wenn sie von künstlichen Wasserbauwerken gebildet werden, z. B. von Wehren und Schleusenüberläufen.

Paddeln durch Stopper

Befinden Sie sich vor einem großen Stopper ist die Taktik einfach:
– Beschleunigen Sie zwei oder drei Bootslängen vorher.
– Behalten Sie die Geschwindigkeit in der Enge bei.
– Sobald die überschäumende Welle über das Vordeck rollt und Ihnen gegen die Brust schlägt, beugen Sie sich darüber und stechen Ihr das Paddel tief in den Rücken.
– Falls es ein Oberflächenstopper ist, werden Sie fühlen, wie die Unterströmung das Blatt mitzieht. Nutzen Sie dies aus, um sich vorwärts zu ziehen.

S-Traverse

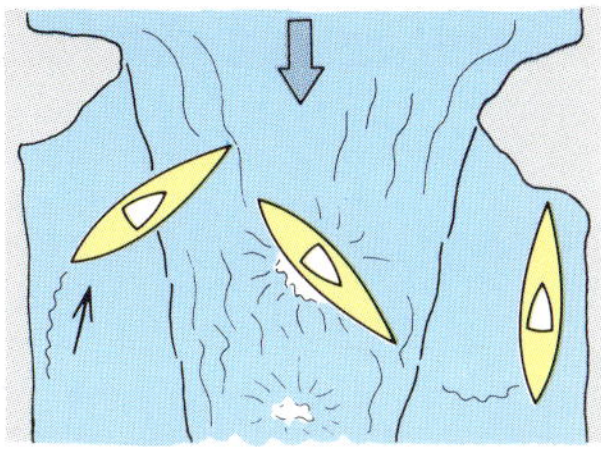

Lassen Sie den Kajak auf der Welle in die Stromzunge laufen. Kanten Sie die Bergseite auf. Drehen Sie mit Powerschlägen aus dem Fahrwasser heraus.

Einige Stopper drehen das Boot zur Seite und verlangsamen es, so als ob sie es besser in die Klauen bekommen wollten. Wenn Sie das spüren, arbeiten Sie mit kräftigen Schlägen dagegen an. Halten Sie den Bug stromabwärts.

Quersurfen

Suchen Sie sich einen kleinen Stopper aus, von dem Sie wissen, daß er sicher ist, und der einen guten, tiefen Ablauf flußabwärts hat. Jetzt stecken Sie Ihren Kopf in sein geöffnetes Maul. Lassen Sie sich seitlich packen!

– Fahren Sie seitwärts in den Schlitz des Stoppers.

– Kanten Sie die Bergseite an, und setzen Sie eine hohe Stütze auf der schäumenden Welle an ihrer Talseite an.

– Der Kajak fällt in den Schlitz. Das Wasser zischt unter dem Rumpf hindurch.

– Versuchen Sie jetzt etwas Kraft von der Stütze zu nehmen.

– Setzen Sie sich gerade hin und wriggen Sie mit dem Blatt etwas rückwärts.

– Ziehen Sie das Blatt schnell vor, und wriggen Sie aus einer *tiefen Stütze* vorwärts – die Ellbogen nach oben.

– Wriggen Sie aus der hohen Stütze rückwärts.

– Versuchen Sie Ihr Gewicht auf das Gesäß zu stützen und nicht auf den Paddelschaft. Jetzt das Ausbrechen.

– Wechseln Sie von der hohen Stütze

Links: Traversieren auf der Welle mit Heckruder. Sie müssen das üben, aber wenn Sie es beherrschen, ist es eine elegante Lösung.

Rechts: Der ›Staubsauger‹ auf Korsika ist einer der bekanntesten Stopper. Hier kann man ihn in voller Schönheit mit einem Paddler sehen.

Unten: Gehen Sie immer mit voller Kraft in einen Stopper, und behalten Sie die ›Power‹ bei, solange Sie nicht durch sind!

in einen Vorwärtsschlag. Ein leichtes Drehen des Handgelenks führt zu einer halben Stütze und einem halben Vorwärtsschlag.

– Nach ein paar Schlägen schießt das Boot aus dem Ende des Stoppers heraus und flußabwärts.

Das Quersurfen hat drei Zwecke:

1. Es ist eine Herausforderung und macht Spaß.

2. Sie können unbeabsichtigt in dieser Position in einem gefährlichen Stopper landen.

3. Sie lernen, aus dem Stopper zu entkommen.

Hier ein paar wichtige Erinnerungen:

– Großvolumige Kajaks mit breiten, gerundeten Seiten und Enden mit viel Auftrieb sind gutmütiger als kleinvolumige Kajaks.

– Wenn die Walze hoch genug ist, müssen Sie eine hohe Stütze benutzen.

– Ist sie sehr niedrig, versuchen Sie es mit einer flachen Stütze.

– Bei mittelhohen Walzen sollte man beide abwechselnd benutzen.

– Ihr Ziel muß sein, so wenig Gewicht wie mögich in die Stütze zu legen. Dadurch vermeiden Sie unnötige Anstrengungen, die ein Ausbrechen unmöglich machen könnten.

– Achtung! Der Paddelschaft sollte nicht über Ihrem Kopf stehen, denn in dieser Position kann der Schaft in der Stütze weit nach hinten gedrückt werden, und es erfordert dann verhältnismäßig wenig Kraft Ihr Schultergelenk auszukugeln.

– Sollten Sie beim Quersurfen ›eingefangen‹ werden, gönnen Sie sich einen Augenblick Ruhe, und überdenken Sie Ihren ›Fluchtplan‹.

Es gibt drei mögliche Wege:

1. Am Ende (wie oben beschrieben).

2. Kentern und Rolle.

3. Rakete.

Beim Kentern in einem Oberflächenstopper nutzen Sie den Zug der Unterströmung auf Ihren Körper aus. Das Herausziehen kann einige Zeit dauern.

– Nehmen Sie die Stütze weg und holen Sie tief Luft.

– Knicken Sie vorwärts ein, wie bei der Eskimorolle und kentern Sie stromabwärts.

Oben: Quersurfen am Stopperschlitz. Erstens macht es Spaß, zweitens ist es eine gute Übung für das Entkommen, sollte man unbeabsichtigt in einem schwierigen Stopper gefangen sein.

– Halten Sie das Paddel an der Seite des Boots.

– Warten Sie, und erwarten Sie das Abklingen der Turbulenzen.

– Sobald das der Fall ist, Paddel in Position und Rolle.

Nach der Kenterung können Sie den Oberkörper nach unten hängen lassen und sogar das Paddel über den Kopf strecken, um mehr Widerstand zu erzeugen. Das geht wirklich gut, aber Sie benötigen dazu richtig tiefes Wasser flußabwärts. Jedenfalls funktioniert das Manöver – und Sie kommen in einem Stück wieder an die Oberfläche!

Die Rakete ist eine Variante des Ausfahrens am Ende der Walze. Die Enden des Stopperschlitzes steigen oft steil auf das Niveau der normalen Flußhöhe an.

Ganz oben: Hohe Stütze in einem Stopper, diese Stütze muß man benutzen, wenn die Walze hoch ist.

Oben: Der Paddler befreit sich aus dem Schlitz mit dem Heck zuerst.

– Treiben Sie den Kajak zum Ende des Schlitzes. Wriggen Sie, wie oben beschrieben.
– Schieben Sie den Bug des Bootes tief in das flußabwärts strömende Wasser.
– Sobald der Bug herumgezogen wird, lassen sie das Heck tief in den Schlitz des Stoppers absinken.
– Unterstützen Sie die Drehung mit Bogenschlägen, aber übertreiben Sie es nicht, sonst surfen Sie plötzlich in die andere Richtung.
– Halten Sie den Kajak gerade, und er wird aus der Stopperwelle heraus katapultiert. Manchmal endet das allerdings mit einer Kenterung. Wieder warten Sie bis die Turbulenzen vorbei sind, dann rollen Sie sich hoch.

Als nächstes muß geübt werden, wie Sie dem Walzenschlitz entkom-

Entkommen

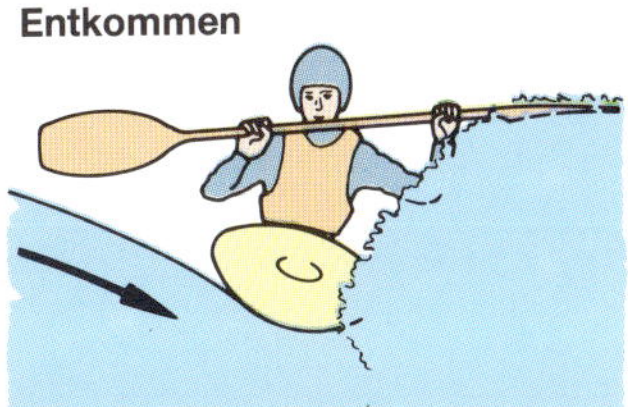

Ausbrechen am Ende. Paddeln Sie unter Benutzung der Stütze zum Ausgang, stecken Sie die Nase in den Strom.

Ausbrechen und Rakete

Am Ende des Schlitzes, kann man sich auch mit einer ›Rakete‹ herausschießen.

Rakete

Der Druck auf dem überspülten Heck läßt das Boot herausschießen.

Kentern mit Rolle

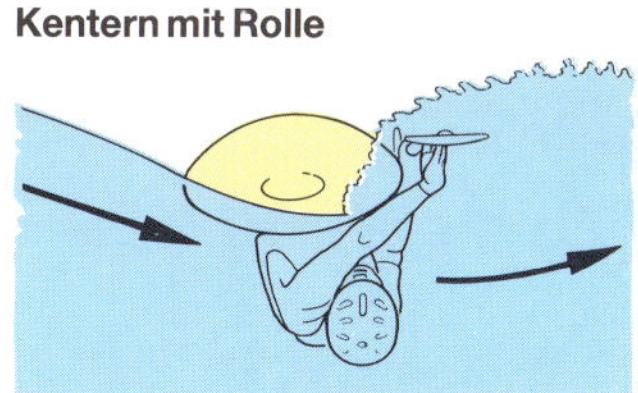

Das Kentern kann genug Unterzug erzeugen, um Sie herauszuziehen.

men können, der hinter Ihnen liegt.
– Wriggen Sie aus der hohen Stütze rückwärts.
– Verdrehen Sie Ihr Handgelenk so, daß Sie einen langen, kraftvollen Rückwärtsschlag durchziehen können.
– Setzen Sie das fort, bis Sie den vorbeischießenden Strom erreicht haben. Die Rakete rückwärts ist naturgemäß der Vorwärtsversion sehr ähnlich. Schließlich gibt es noch eine Möglichkeit einem Stopper zu entkommen, der einen sehr tiefen Schlitz hat, der aber nicht viel länger als der Kajak ist.
– Vor dem Bug und hinter dem Heck liegen zwei Steigungen.
– Fahren Sie das Boot auf eine der beiden und lassen Sie es in den Schlitz zurückfallen.
– Nutzen Sie den Schwung aus, um auf das andere Gefälle hochzulaufen.
– Fahren Sie solange vor- und rückwärts bis das Boot völlig auf eine der Steigungen gelangt und frei ist.

Tiefreichende Stopper

Versuchen Sie nie, an tiefreichenden Stoppern zu surfen. Sogar wenn der Rücklauf nicht ausgedehnt scheint, ist es außerordentlich schwierig, oft sogar unmöglich nicht zu kentern. Der Kajak wird in den Schlitz gezogen, der sich direkt unter dem senkrecht herunterstürzendem Wasser auftut. Es ist fast völlig unmöglich zu verhindern, daß das Wasser auf das Deck strömt, der Paddler kann das große Gewicht nicht ausgleichen. Die Kenterung ist unausweichlich, eine Eskimorolle bringt ihn nur wieder in dieselbe Lage. Schwimmen und/oder Rettung ist dann Ihre einzige Hoffnung. Am klügsten ist es, man hält sich von senkrechten Wehren, Schleusenüberläufen und überschwemmten Steinschüttungen frei. Läßt es sich nicht vermeiden, ein solches Hindernis zu befahren, gehen Sie wie folgt vor:
– Beschleunigen Sie so kräftig wie Sie nur können, halten Sie diesen Druck aufrecht.
– Versuchen Sie über die Stufe zu schießen, wie ein Flugzeug vom Deck eines Flugzeugträgers.
– Machen Sie sich mit dem Gedanken ans Fliegen vertraut.
– Sobald Sie gestartet sind, bereiten Sie sich auf den ersten Paddelschlag vor, den Sie sofort ausführen, wenn Sie das Wasser wieder berühren.
– Entfernen Sie sich mit kräftigen Schlägen vom Wehr.
– Finden Sie heraus, ob es noch mehr von dieser Sorte im Fluß gibt!

Das Prinzip ist, den größten Teil des Stoppers zu überfliegen, dazu nützt man die Fallhöhe aus. Es kann ein Verzweiflungsversuch werden, also denken Sie positiv und wandeln Sie Ihre Angst in körperliche Stärke um.

QUERSCHLAGEN

In einer Stromschnelle wird jeder Paddler irgendwann quer auf ein Hindernis gedrückt werden. Die Strömung hält ihn zeitweise an dem Hindernis (z.B. einem Block) fest.
– Kanten Sie die Bergseite an, wenn es Ihnen gelingt bevor der Kajak auf das Hindernis trifft, um so besser.
– Benutzen Sie den Block zum Abstützen, drücken Sie mit dem Paddel, Ihrem Ellenbogen oder der Schulter dagegen.
– Ziehen oder drücken Sie das Boot frei, die Bergseite muß aufgekantet bleiben. Eine Richtung wird sich gewöhnlich anbieten, je nach dem, wie das Boot festgekommen ist.
Die Durchführung ist einfach, solange Sie schnell handeln oder schon aufgekantet haben. Sie sollten es üben, aber vergewissern Sie sich:
– daß Sie sich in flachem Wasser befinden,
– daß andere Paddler in Bereitschaft stehen, und daß die flußabwärts vom Block stehen, falls Sie Hilfe benötigen sollten.
– daß Sie sich keinen unterspülten Felsen aussuchen! Schnell fließendes, flaches Wasser ist das beste Übungsgebiet.

Prallwasser

– Sollten Sie an einem Block querschlagen, der an seiner Bergseite ein Prallpolster hat, verfahren Sie im wesentlichen wie oben beschrieben, nur daß Sie sich mit dem Paddel auf dem Prallpolster abstützen, um die Bergseite des Kajaks anzukanten. Können Sie aber mit dem Paddel über das Prallpolster auf den Block reichen, benutzen Sie ihn.

Der Kajak reitet längsseits auf einem Prallpolster und landet auf dem Block, Sie werden kurzzeitig festgehalten.

Kanten Sie die Bergseite an, bevor Sie auf den Block treffen. Benutzen Sie den Block für die Stütze. Sie sollten das Manöver in schnellfließenden, flachen Gewässern üben.

KURVEN

Enge Kurven auf schmalen Gewässern bringen das Problem mit sich, daß sie Ihnen den Blick stromabwärts verwehren. Es kann sehr leicht sein, daß der Fluß hinter der Kurve verblockt ist. Haben Sie den Fluß vorher begangen, und das einzige Problem liegt darin, heil um die Kurve zu kommen, ohne in einem Baum hängen zu bleiben, verfahren Sie wie folgt:

– Nähern Sie sich der Kurve an der Innenseite.

– Lassen Sie sich durch die Kurve tragen, wenn Sie sehen, daß die Kurve frei von Hindernissen an der Außenseite ist.

– Beim Ausfahren werden Sie auf die Außenseite in das reißende Wasser getragen.

Sehen Sie ein Hindernis an der Außenseite vor sich – stoppen Sie auf und verholen Sie sich mit einer Seilfähre rückwärts an die Innenseite. Hat Sie der Strom an die glatte Wand gedrückt, die die Außenkurve einfaßt, kanten Sie die Seite auf, die zur Innenkurve zeigt, und rutschen Sie mit der Schulter an der Felswand entlang.

BEFAHREN EINES GANZEN KATARAKTS

1. Schritt

Inspizieren Sie die Stromschnellen

– Stellen Sie die Gefahrenstellen fest – wenn es welche gibt.

– Legen Sie Ihren Weg durch den Katarakt fest.

– Prägen Sie sich die Einfahrt ein.

– Prägen Sie sich die Bewegungen nach links und rechts ein.

– Entscheiden Sie, wo Sie stoppen wollen – entweder auf dem Weg zu oder aber hinter den schwierigen Stellen.

– Wo sind Rettungsstellen.

2. Schritt

Überprüfen Sie die Ausrüstung.

– Befestigen Sie den Helm.

– Schwimmhilfe anlegen.

– Auftriebskörper im Boot gesichert?

– Fußstütze ist korrekt angepaßt?

– Befestigen Sie sorgfältig die Spritzdecke.

3. Schritt

Die Fahrt

Querschlagen an einem Block

Bevor Sie auf das Hindernis auftreffen, kanten Sie bergwärts auf und bereiten sich auf die Stütze vor. Ist es ein niedriger Block, benutzen Sie ihn zum Stützen, handelt es sich dagegen um einen hohen Felsen o. ä. benutzen Sie Ihren Ellenbogen oder Ihre Schulter, um daran entlangzurutschen.

Stützen auf einem Prallpolster

Auch dabei kanten Sie rechtzeitig auf. Benutzen Sie die Welle zum Stützen, als ob es ein Block wäre. Man kann in dieser Position hervorragend um das Hindernis herumpaddeln.

Befahren einer engen Krümmung

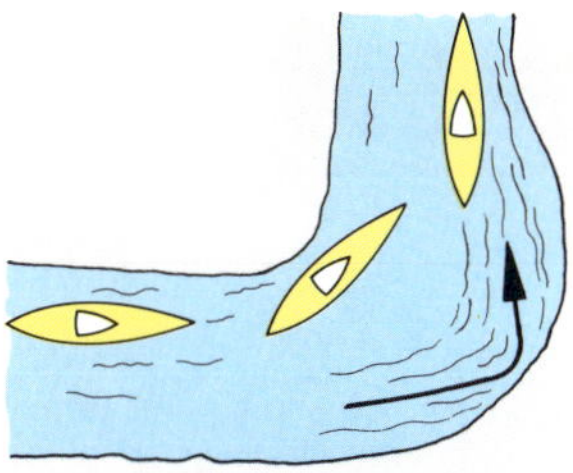

Fahren Sie die Krümmung an der Innenseite im langsam fließenden Wasser an, bis Sie den weiteren Flußverlauf übersehen können und wechseln Sie auf die andere Seite. Sollten Sie gezwungen sein die Außenkurve zu benutzen, dann kanten Sie die Innenseite auf und steuern mit dem Heckruder auf der Außenseite.

– Erinnern Sie sich an die Einfahrt und den Weg durch die Stromschnellen.
– Ablegen.
– Konzentrieren Sie sich auf den richtigen Weg, lassen Sie Ihren Körper das Paddeln automatisch ausführen.

4. Schritt

Wie ist es gelaufen?
– Haben Sie einen Fehler gemacht? Woran lag es?
– Wie könnte man die Fahrt verbessern?

Jede Erfahrung auf dem Wildwasser, egal ob angenehm oder auch scheußlich, macht aus Ihnen einen besseren Wildwasserfahrer!

›BUMMELN‹ DURCH DIE STROMSCHNELLE

Es ist nicht nötig in einem hektischen Spurt durch die Stromschnellen zu jagen. Sie werden nur schnell entkräftet sein. ›Bummeln‹ bedeutet, daß Sie mit einer Kraftreserve am anderen Ende ankommen. Der Weg kann Ziehschläge, Seilfähren rückwärts, Ein- und Ausschwingen, Sprints durch Walzen und kraftraubende Stützen auf Wellen beinhalten. Hetzen Sie durch den Katarakt, bringen Sie sich um das Vergnügen, die einzelnen Bewegungen elegant miteinander zu verbinden, außerdem bewegen Sie sich dann mit einer Geschwindigkeit vorwärts, der Ihr Kopf nicht folgen kann.

Das Boot laufen lassen

Beobachten Sie, wie ein Ball die Stromschnelle passiert. Er hat einen unverfälschten Instinkt für die Ideallinie durch die Hindernisse. Je mehr Erfahrungen Sie sammeln, desto eher werden Sie sich dieser Linie anpassen können. Das Boot muß in einer Generallinie gehalten werden, aber wann immer möglich, sollte man das Boot seinen Weg suchen lassen. Anfängern passiert das häufig aus Unkenntnis und sie überleben gefährliche Passagen nur deshalb, weil sie nicht eingreifen. Ihr Erfolg ist eine Bestätigung der Theorie: ›Wenn du nicht weiter weißt, tue nichts!‹ Obwohl dadurch das Prinzip des Laufenlassens des Bootes bestätigt wird, ist es doch nicht der eigentliche Sinn.

Ein erfahrener Paddler bringt das Boot sorgfältig in Position, dann läßt er es laufen. Das spart Kräfte, verschafft mehr Zeit für den Weg voraus, gibt die Möglichkeit, nach den Kameraden achteraus zu schauen, oder die Bewegungen des Wassers zu spüren. Dazu gehört aber auch, zu wissen, wann man beschleunigen muß. Dieser kontrollierte und sichere Stil erlaubt Ihnen, mehr Zeit dort zu verbringen, wo Sie sein wollen – auf dem Wildwasser.

Links: Sollten Sie vor einem Block oder einem anderen Hindernis querschlagen und nicht schnell genug aufkanten bevor Sie auf den Block aufprallen, kann das sehr unangenehme Folgen für Sie haben.

Rechts: Werden Sie beim Quersurfen in einem Stopper festgehalten, lassen Sie sich ruhig ein paar Augenblicke Zeit, um sich einen Plan zurechtzulegen. Auf dem Bild sieht man, daß der Paddler im blauen Kajak von den drei möglichen Ausgängen, den am Ende des Stoppers wählt.

FÜNFTES KAPITEL

WILDWASSERPADDELN FÜR FORTGESCHRITTENE

Bewegt man sich an der Spitze des Schwierigkeitsgrads beim Wildwasserfahren, bekommt das Ganze einen sehr ernsthaften Hintergrund. Ich möchte Whit Deschener zitieren: »Die Obergrenze des Kajakfahrens hängt nur davon ab, wie der einzelne zu einem kurzen Leben steht.« Es ist die Intensität, die das Kajakfahren auf diesem Niveau vom Paddeln in leichteren Gewässern unterscheidet. Die Wendungen sind enger, das Boot bewegt sich schneller, die Stromschnellen sind länger, Sie haben mehr Angst, aber der Jubel nach dem Erfolg ist unbeschreiblich. Sicher ist es nicht jedermanns Sache, und Sie sollten es nicht als die logische Folge sehen, sobald Sie den Schwierigkeitsgrad IV zu beherrschen. Wenn Sie den höchsten Schwierigkeitsgrad anstreben, können Sie die Reviere in zwei Klassen einteilen: In die mit viel Wasser und die anderen mit wenig Wasser. Im ersten Fall sind gewaltige Stromschnellen mit enormen Löchern zu bewältigen. Boot und Paddler werden einen großen Teil der Zeit unter Wasser verbringen. Im zweiten Fall sind die Wassermengen kleiner, weil sie für gewöhnlich sehr steil oder gar senkrecht herabstürzen. Boot und Paddler verbringen einen großen Teil der kurzen Fahrzeit mit Paddeln in der Luft. Zur Zeit gibt es nicht viele Flüsse, die in diese Topkategorie fallen, jedenfalls nicht im Vergleich zu den vielen extrem schwierigen Flüssen, die trotzdem ein ausgeglicheneres Paddeln erlauben.

Der Paddler, der sich an diesen Schwierigkeitsgrad heranwagt, vertraut auf dieselbe Grundtechnik wie jeder andere auch. Aber er muß schneller reagieren, die Technik besser beherrschen und ein ausgepräg-

Sehr bewegtes Wasser auf dem Arkansas River in Colorado drückt diesen Kajak auf das Heck.

Kopfstände

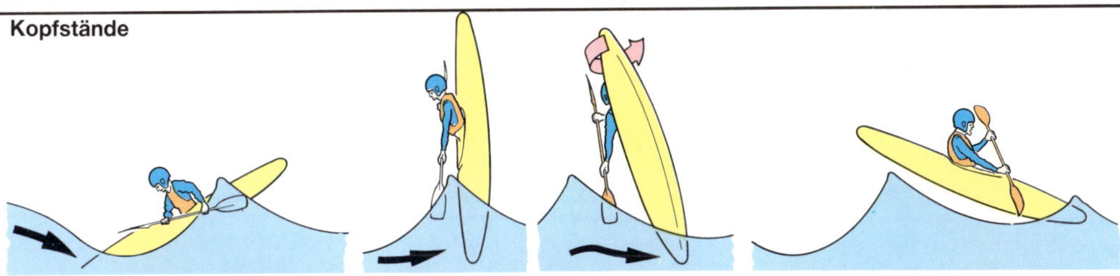

Bringen Sie das Boot bergwärts in Richtung der Welle. Lassen Sie es in den Schlitz rutschen, paddeln Sie es genau in die Strömung. Lassen Sie den Bug vom Strom überspülen. Sobald das Heck aufrecht steht, stellen Sie sich auf die Fußrasten und legen Ihren Rücken auf das Achterdeck. Jetzt können Sie mit einer Hüftdrehung eine Drehung stromabwärts einleiten.

Oben links und links: Ein Kopfstand. Das Boot steht aufrecht. Der Paddler ruht auf den Fußrasten, er sticht ins Wasser und wird jetzt den Hüftschwung vom Blatt weg ansetzen, um das Boot herauszudrehen. Er wird auf ebenem Kiel stromabwärts landen.

tes Gefühl für die Bootsbewegungen haben. Ein Paddler, der im großen, schweren Wildwasser unterwegs ist, muß sich dem Weg anpassen, auf den der Kajak durch die Stromschnellen gestoßen und gedrückt wird. Freistilkajakfahren ist eine gute Übung, um Ihr Gefühl für das Boot zu schärfen, bevor Sie sich an die großen Katarakte wagen. Beim Freistilpaddeln wählen Sie sich ein begrenztes Flußstück aus, auf dem Sie bestimmte Manöver testen, verbessern und die Beherrschung des Kajaks weiterentwickeln.

KOPFSTAND

Suchen Sie sich eine überbrechende Welle mit einer steilen Front und viel tiefem Wasser davor. Fahren Sie gerade über die Welle.

– Lassen Sie den Bug in den Trog rutschen.

– Steuern Sie mit Heckruder genau auf der Welle.

– Bohren Sie den Kajak tief in den Trog indem Sie sich vorlehnen. Halten Sie ihn dabei durch Heckruderschläge gerade.

– Der Bug wird plötzlich unter Ihren Füßen weggezogen, das Boot richtet sich auf.

Auf kleineren Wellen hört hier der Kopfstand auf, und das Boot fällt zurück. Während dieses Vorgangs sind Sie natürlich weiter stromabwärts getrieben. Auf einer größeren Welle kann der Kajak seine Bewegung fortsetzen, so daß Sie einen Überschlag vollführen und kopfüber im Wasser landen. Sie knicken ein und rollen sich hoch. Das Geheimnis des Kopfstandes liegt darin, daß man genau gegen die Welle fahren muß. Sobald das Boot auf dem Bug steht, kann man diese Position etwas länger beibehalten, wenn man den Oberkörper auf das Achterdeck nach hinten preßt und sich in den Fußstützen abstützt. Vergessen Sie nicht zu lächeln! Während das Boot kopfsteht, können Sie es mit einer Hüftdrehung so beeinflussen, daß es wieder auf dem Kiel landet.

– Verlängern Sie den Kopfstand durch Stehen auf den Fußstützen.

– Stechen Sie mit einem Blatt ins Wasser.

– Drehen Sie sich mit dem Hüftschwung vom Blatt weg.

– Sie landen aufrecht, der Bug zeigt fast stromabwärts. Sie sind trocken geblieben!

Beim Stehen auf dem Heck ist es schwierig, das Boot genau auszurichten, aber es klappt gut in Stoppern. Dabei ist nicht viel zu tun. Ihr Rücken wird im Wasser liegen, folglich müssen Sie nur darauf achten, ob der Bug überklappen will.

SURFEN AM STOPPER

Suchen Sie sich einen Oberflächenstopper.

– Fahren sie heran und surfen Sie.

– Balancieren Sie das Boot aus, dann versuchen Sie die Stütze von der Walze zu nehmen.
– Jetzt stecken Sie die Hand in die Walze und wriggen leicht damit.
– Setzen Sie das Paddel auf der stromaufwärtigen Seite ins Wasser. Ziehen Sie es mit der anderen Hand unter dem Rumpf hindurch.
– Versuchen Sie jetzt Ihr Paddel abzugeben und surfen Sie weiter.
– Spielen Sie Gitarre, schälen Sie eine Orange oder lesen Sie dieses Buch! Seien Sie ganz cool!

WELLENREITEN

Jetzt brauchen Sie eine schöne grüne Welle.
– Steuern Sie durch den Strom bis der Kajak die Flanke der Welle erreicht.
– Richten Sie das Boot mit Hilfe des Heckruders aus.
– Trimmen Sie das Boot durch Gewichtsverlagerung vorwärts und rückwärts bis Sie in einer Position sind, die kein Paddeln mehr erfordert.
– Nehmen Sie das Heckruder weg, steuern Sie mit der Hand auf derselben Seite.
– Jonglieren Sie mit Ihrem Paddel.
– Werfen Sie es weg; steuern Sie mit herabhängenden Händen.

ÜBER GROSSE STEHENDE WELLEN

Lange Reihen stehender Wellen sind auf Flüssen mit reichlich Wasser weit verbreitet. Es gibt eine Geschwindigkeit, bei der das Boot kontrolliert über diese Wellen schießt. Diese Geschwindigkeit liegt etwas über der Stromgeschwindigkeit, damit kommen Sie immer sicher durch die überbrechenden Wellenkämme. Sollten Sie inmitten dieser Wellen langsamer werden müssen, sei es, daß Sie sich orientieren wollen oder ausruhen müssen, dann bringen Sie das Boot schräg gegen den Strom. Sie müssen talwärts leicht ankanten, denn das ist stabiler, als mit dem Strom zu treiben und nicht zu wissen, an welcher Seite Sie sich stützen müssen.

KLEINE WASSERFÄLLE

Die meisten technisch anspruchsvollen Wildwasserreviere beinhalten kleine Sprünge von etwa 2 Metern Höhe. Das bedeutet, daß der Fall kürzer als die meisten Boote ist. ›Klein‹ ist ein relativer Begriff, denn wenn man sich zum ersten Mal an der Kante eines 2-m-Falls befindet, scheint es ein weiter Weg nach unten zu sein. Die Ehrfurcht vor der Höhe werden Sie schnell verlieren, sobald Sie Taktiken entwickeln, um in den Fall zu ›schießen‹.

Bevor Sie sich ins Boot setzen, sollten Sie verschiedene Dinge herausfinden:
– Ist es am Landeplatz tief oder flach.
– Wie gefährlich ist der Rücklauf.

Die Antwort auf die erste Frage, beantwortet auch fast die zweite. Ist der Kolk offensichtlich flach, wird Ihnen der Rücklauf kaum Schwierigkeiten bereiten, denn die vertikale Zirkulation an den Stromgrenzen kann sich nicht entwickeln.

Die Landung

Obwohl das Fehlen eines starken Stoppers beruhigend ist, bringt das flache Wasser neue Probleme hervor. Sollte sich der Bug Ihres Kajaks nach dem Fall in den Grund bohren, be-

Links: Alan Fox in voller Aktion auf dem gefährlichen Sambesi im südlichen Afrika.

Oben: Bevor Sie sich in den Kajak setzen, sollten Sie wissen, wie das Wasser hinter dem Fall sein wird – flach oder tief – und wie stark ist der Stopper?

kommen Sie ernste Schwierigkeiten.

Ein Kajak mit mittlerem Volumen und 2 m Länge benötigt ungefähr eine Wassertiefe von 2 m, um vom Grund frei zu bleiben. Das hängt natürlich auch vom Gewicht des Paddlers, der Durchmischung des Wassers mit Luft und der Bootsgeschwindigkeit ab.

Feststellen der Tiefe

Oft werden Sie unsicher sein, wie tief der Kolk ist. Mit einer der drei folgenden Methoden, können Sie es feststellen:

– Paddeln Sie ins Unterwasser des Falls und loten sie mit Ihrem Paddel. Ihr Paddel wird ungefähr 2 m lang sein. *Versuchen Sie diese Methode nicht, wenn Sie sich über den Stopper im unklaren sind.*

– Suchen Sie sich einen langen, leichten Ast auf dem Waldboden aus. Schnitzen Sie Kerben hinein und testen Sie die Tiefe vom Ufer aus. Benutzen Sie die Leine Ihres Wurfsacks zum Hinauslehnen. Versuchen Sie auch die Bodenbeschaffenheit herauszufinden. Ist es Kies, Felsen, oder zerklüftetes Grundgestein? Prüfen Sie sorgfältig, ob kein einsamer Block, Pfeiler oder Riff in der Gegend herumliegt.

– Sollten Sie das Landegebiet nicht erreichen können, binden Sie eine Leine an den Paddelschaft und werfen Sie es wie einen Speer ins Wasser. Aber Vorsicht! Fangen Sie behutsam an, ich habe mal auf diese Weise ein nagelneues Paddel ruiniert. Loten Sie das Gebiet so weit wie möglich systematisch aus.

Da die Kenntnis der Beschaffenheit des Flußbetts so wichtig ist, begehen einige Paddler ganze Flußabschnitte bei Niedrigwasser. Die Erfahrungen, die man so sammelt, können unbezahlbar sein, wenn man den Fluß zum ersten Mal befährt. Wenn Sie wissen, daß der Kolk am Fuß eines Wasserfalls flach ist, aber stromabwärts aus glattem Stein besteht, können Sie ein hartes Aufsetzen des Bugs riskieren, wenn Sie sicher sind, daß das Boot es verträgt.

Um das tiefe Eintauchen des Bootes abzumildern, gibt es folgende Möglichkeiten:

– Paddeln Sie schnell über den Fall, um eine flache Landung zu erreichen.

– Kreuzen Sie den Fall in einem kleinen Winkel. Das Boot wird dann auf seine stromabwärtszeigende Seite fallen und nicht mit dem Bug aufschlagen. Vermeiden Sie das aber, wenn Sie sich über den Stopper im unklaren sind.

Stopper

Die Gefährlichkeit von Stoppern einzuschätzen ist immer schwierig. Je mehr Erfahrung Sie durch Begehungen und Befahren gewonnen haben, desto größer ist Ihre Chance, richtig zu tippen. Dabei sind eine ganze Anzahl Faktoren zu berücksichtigen.

– Der Rücklauf. Wie weit erstreckt er sich? Erreicht er etwa Bootslänge, kann man mit sehr starker Gegenströmung rechnen, und Sie können froh sein, wenn Sie durchkommen.

– Die Wassermenge. Donnert viel Wasser den Fall hinunter, wird der Stopper unangenehm sein.

– Die Tiefe. Es kann durchaus sein, daß der Kolk tief genug ist, um einen Stopper zu bilden, aber trotzdem kann er so flach sein, daß der Kajak aufsetzt. Sobald der Bug auf den Grund trifft, schlägt das Boot quer, und Sie fallen in den Rachen des Stoppers. Ich

habe das schon beobachtet, nur weil der Paddler nicht vor dem Fall beschleunigt hat.
– Schwachstellen im Stopper, wo sich eine Ablaufzunge bildet. Dort sollte man landen, aber es ist schwierig, das Boot an der richtigen Stelle über den Fall zu bringen, weil man nicht rechtzeitig nach unten blicken kann. Benutzen Sie Landmarken zur Orientierung oder stellen Sie einen Kameraden auf, der Sie einweist.
Sind Sie sich über den Stopper nicht im klaren, vergessen Sie ihn. Sollte sich ein anderer Paddler entscheiden, den Fall zu befahren, sollte er damit warten, bis Sie in einer Position sind, ihm im Notfall helfen zu können. Geben Sie ihm dann ein Signal, daß er loslegen kann.

Überlisten des Stoppers

Ein Weg, Ihre Chancen zu verbessern, besteht darin, das Boot so schnell zu machen, daß Sie hinter dem Schlitz landen. Das funktioniert ganz gut und ist bei vielen Stoppern anwendbar.
– Beschleunigen Sie mit Powerschlägen.
– Stoßen Sie sich an der Wasserkante kräftig ab, um den Kajak in die Luft zu katapultieren.
– Bringen Sie das Schlagblatt in Position.
– Boot und Paddelblatt landen im Wasser.
– Peitschen Sie das Boot vorwärts.

Mit zunehmender Erfahrung werden Sie einen natürlichen Schlagrhythmus für kleine Wasserfälle entwickeln. Dieser Rhythmus ist ein Zeichen dafür, daß Sie zum Könner werden. Ihre Technik entwickelt sich mit erstaunlich geringem bewußt betriebenen Aufwand weiter. Ihr Kopf wird frei, sich auf den richtigen Weg zu konzentrieren.

Auf Flüssen, die ihr Wildheit der Form des Flußbetts verdanken (und nicht Blöcken), ist vorzügliches Paddeln aller Schwierigkeitsgrade möglich. In Nordwales gibt es Flüsse, die ganze ›Treppen‹ kleiner Fälle mit ruhigen Unterwassern aufweisen. Teilweise sind sie in schmalen Schluchten unter dichtem Geäst eingezwängt. Im Herbst wir das Sonnenlicht von den Blättern gefiltert und die Klamm wird von rotgelbem Licht durchflutet. Befindet sich der Wasserfall in einem engen, felsigen Gefällabschnitt, hal-

Der Paddler überspringt den Stopper eines kleinen Wasserfalls des ›Sock-em-dog‹-Katarakts auf dem Chattooga River, USA.

ten Sie das Paddel hoch und stützen sich an den Felsen ab.

Hohe Wasserfälle

Die drei Phasen, die Sie während des Befahrens hoher Wasserfälle durchlaufen, sind: das Einfädeln und Abheben, der Flug, die Landung.

Die mittlere Phase macht den Unterschied, denn der Kajak unterliegt dabei nur der Erdanziehung, und der Paddler kann nichts tun. Böse Zungen behaupten deshalb, daß man nur den Nerv haben muß, sich über die Kante zu stürzen und dann nur geduldig auf das Aufknallen des Bootsbodens warten muß. In meinen Augen ist das eine sehr verengte Sicht, denn der Paddler, der Wasserfälle befährt, muß andere Dinge beachten, als der Paddler auf dem Strom.

Die Flugphase:

– Läßt man den Kajak langsam über die Kante gleiten, so wird er seinen Bug steil nach unten richten.

Oben: Sue Dixon am Ausgang der ›Pipeline‹-Kaskade in Conway Gorge, Wales.

Unten und rechts: François Cirotteau bei einer beeindruckenden Vorführung.

– Das Abheben mit hoher Geschwindigkeit verhindert ein starkes Unterschneiden bei der Landung.

Obwohl es angeraten scheint, mit voller Kraft über die Wasserkante zu fahren, ist das oft nicht möglich, denn vielleicht ist es gerade dort sehr flach oder das Einfädeln ist schwierig. Dann bleibt Ihnen nichts anders übrig, als steil hinabzuschießen. Sollte der Kolk flach sein, oder sollte die Ausfahrt nur auf einer Seite möglich sein, können Sie das Boot an der Wasserkante etwas ankanten, damit Sie mehr auf der Seite landen. Bei einer idealen Landung schießen Sie mit dem Bug in den Kolk hinein, und der Bug kommt als erstes wieder aus dem Wasser.

An hohen Fällen mit wenig Wasser hat der Kajak die Tendenz steil hinabzufallen. Das kann dazu führen, daß er nach dem Aufprall rückwärts katapultiert wird, besonders Kajaks mit wenig Volumen oder geringem Kielsprung neigen dazu. Dieses Zurückfedern ist alles andere als ein angenehmes Gefühl. Mir ist das mal am Fuß eines 7-m-Falles passiert, und ich war in dem Stopper festgenagelt, den ich im Fluge überwinden wollte.

Oben und rechts: Beschleunigen Sie vor der Kante, stoßen Sie sich mit einem kräftigen Schlag ab. In der Flugphase bereiten Sie sich auf den Schlag vor, der Sie vorwärts treiben muß, sobald Sie auf Wasser treffen. Sollten Sie den Stopper nicht überflogen haben, paddeln Sie mit aller Kraft weiter.

Wasserbewegung am Fuß des Wasserfalls

Fällt Wasser vertikal in einen tiefen Kolk, sind alle Voraussetzungen für einen häßlichen Stopper gegeben. Allerdings sind die Verhältnisse am Fuß des Falls oft günstig für den Paddler.

1. Der herabstürzende Kajak bohrt sich tief in den Rücklaufbereich und taucht stromabwärts des Stoppers wieder auf. Ich habe schon mittel- und niedrigvolumige Kajaks unversehrt aus steilen Oberflächenwalzen herausschießen sehen, in denen großvolumige Boote festgehalten wurden. Aber das ist nun kein wasserdichtes Argument für die alleinige Benutzung niedrigvolumiger Boote an Wasserfällen, denn die Gefahr im Kolk festgehalten zu werden, ist mindestens ebenso groß, wie die, im Stopper zu versauern.

2. Durch die große Höhe verteilt sich das Wasser auf eine größere Fläche beim Auftreffen. Es ist die Wassermenge, die zählt. Vermehren Sie die Wassermenge drastisch, und jeder Wasserfall kann einen gefährlichen Stopper erzeugen.

Fällt das Wasser nicht senkrecht herab, sondern in einem steilen Winkel, ist die Gefahr, daß Sie auf einen kräftigen Stopper treffen, sehr groß.

SEEHUNDSTART

Damit bezeichnet man das Starten von einem Felsen mit einem Sprung oder das Herabrutschen von einem

Oben: Hat der Kajak beim Absprung keine Fahrt, wird er nahezu vertikal herunterstürzen. Unten: Mit ›speed‹ kommt das Boot leichter von Hindernissen klar.

Oben: Eine flache Landung ist weicher. Bei flachem Wasser kann das wichtig sein. Beachten Sie den Stopper.
Unten: Eine ›vierkante‹ Landung ist am leichtesten zu kontrollieren. Achten Sie auf den Rückprall im Fall.

steilen Ufer. Es ähnelt in vieler Hinsicht dem Befahren von Wasserfällen, und man kann damit Landungen üben. Man könnte meinen, daß Seehundstarts immer eine sichere Sache sind, so lange nur genügend Wasser zur Verfügung steht. Dem ist nicht so. Eine schlechte Landung kann Sie so verletzen, daß der Tag für Sie gleich nach dem Start zu Ende ist. Mein bemerkenswertester Seehundstart fand in einer Schlucht statt. Ich fiel etwa fünf Meter tief auf ›solides‹ Wasser. Der Aufprall riß die Fütterung aus meinem Helm, so daß mein Kopf in der Plastikschale steckte, die mir sehr unvorteilhaft die Sicht nahm.

Einige Flüsse sind so verblockt und schroff, daß es keine andere Möglichkeit zum Wassern gibt. Der Vorteil des Seehundstart liegt darin, daß man sich Zeit nehmen und in Ruhe die Spritzdecke schließen kann, ohne befürchten zu müssen, daß man abgetrieben wird oder daß sich ein Paddel selbständig macht.

Sobald da Spritzdeck geschlossen ist, schieben Sie sich mit dem Paddel auf der einen Seite und der Hand auf der anderen ab. Ob Sie vorwärts oder seitlich abspringen, hängt von der Tiefe ab. Zwei Landungen werden in der Zeichnung gezeigt.

1. Das kann passieren, wenn Sie langsam von einer Brücke starten. Der vertikale Fall des Kajaks geht in eine weitere Drehbewegung über. Sie landen kopfüber auf dem Wasser.

2. Das ist außerordentlich gefährlich! Es besteht akute Gefahr, daß Sie sich die Wirbelsäule durch den Aufprall verletzen.

Wenn Sie sich an den Händen einen Meter herablassen, können Sie die Höhe so verringern, daß der Aufprall erheblich milder ausfällt.

AUSRÜSTUNG FÜR SPRÜNGE

Kajaks mit scharf ausgeprägten Enden haben auf Wasserfällen nichts zu suchen. Das Risiko, daß sie sich die schlanke Nase an einem Felsen einrennen, ist groß, und die Folgen wären fatal. Sehr kurze Kajaks müssen einen längeren Weg zurücklegen, daher haben sie beim Eintauchen eine höhere

Das ist der größte dreier aufeinanderfolgender Fälle (5 m/7 m/4m) des Travo auf Korsika. Der Stopper ist ganz schön gefährlich. Da der Fall nicht genau vertikal stürzt, kommt ziemlich wenig Luft ins Wasser, allerdings ist der Kolk sehr tief, aber es herrschen gefährliche Rückströmungen. Der Weg des Paddlers zeigt sehr gut, wie er sich vom Stopper freihalten will.

Geschwindigkeit. Allerdings kommen sie damit erstaunlich gut klar, und ihre runden Enden verhindern in langen, steinigen Abfahrten, daß sie herumgedreht werden, weil ein Überhang an einem Felsen hängen geblieben ist.

Fußstützen

Die Fußstütze ist das einzige Ausrüstungsteil, das besonderer Aufmerksamkeit bedarf, denn sie muß den Aufprall aufnehmen. Ein deutscher Paddler, den ich kennenlernte, nutzte für sein System den Reck von Seilen aus. Der Auftriebskörper, der in vielen Kajaks die Fußstütze bildet, ist ein idealer Stoßdämpfer. Pedale können zeitweise modifiziert werden, indem man Schaumstoffstücke zurecht schneidet und sauber an die Pedale anpaßt.

Kniestützen

Schlägt ein Kajak mit dem Bug auf, egal ob vertikal oder horizontal, wird der Paddler die Tendenz haben, nach vorne zu rutschen. Dies führt dazu, daß die Knie nach oben rutschen und gegen das Deck drücken. Eine zusätzliche Auspolsterung vermindert die Verletzungsgefahr.

Bugschutz

Der Bug eines Polyäthylen-Kajaks ist sehr empfindlich, weil man bei der Herstellung in diesem Bereich kaum größere Wandstärken erzielen kann. Daher bringen einige Paddler auswechselbare Bugschützer mit Bolzen oder selbstsichernden Schrauben an.

Helme

Unter normalen Umständen hat der Helm die Aufgabe, den Paddler nach einer Kenterung vor Unterwasserhindernissen zu schützen. Beim Paddeln in schwierigen, flachen Revieren ist

Schlechter Start – schlechte Landung

1. Ein langsamer Start kann bei der Landung einen nachhaltigen Eindruck hinterlassen!

2. Eine ›vierkante‹ Landung, selbst aus geringer Höhe, belastet sie Ihre Wirbelsäule erheblich. Vermeiden Sie das!

Eine Wasserung mit Flaschenzug. Gute Bergsteigerausrüstung und gute Leinen sind für so einen Start unerläßlich. Das Wasser im Fluß war ruhig. Der Paddler (der Autor) hatte die Leinenlänge so bemessen, daß er das Boot etwas abtreiben lassen konnte. Viele Teilnehmer abenteuerlicher Wildwasserfahrten mußten vorher Kenntnisse anderer Sportarten nutzen: Skier, Pferde, Fahrräder und sogar superleichte Flugzeuge haben geholfen, die Paddler ins Wasser zu bringen.

ein Aufprall und Abschürfen an der Oberfläche nicht selten, wenn sich das Boot schnell bewegt. Ein guter Helm ist unverzichtbar. Will man große, flache Fälle befahren, geht das nicht ohne einen Helm mit Gesichtsschutz.

Ellenbogenschützer

Führt Sie Ihr Weg durch enge Schluchten, sind Ihre Ellbogen harten Stößen ausgesetzt. Gute Ellbogenschützer verhindern den unangenehmen Schmerz, wenn Sie sich den ›Musikantenknochen‹ stoßen. Auf eng verblockten Gebirgsbächen können Sie sie zum Drehen benutzen, diese Technik heißt *Ellbogenwende.*

Oben: Der Seehundstart ist eine Technik, mit der man von einem steilen Felsen oder Ufer starten kann.

– Bringen Sie den Kajak längsseits an den Block.
– Kanten Sie dabei die Bergseite an.
– Drücken Sie den Ellbogen auf den Block und ziehen Sie sich dicht heran.
– Drehen Sie den Kajak auf der Stelle vorwärts und stromabwärts, benutzen Sie dazu Ihre Knie, wie beim Bugruderschlag.

Ellbogenwenden können auch benutzt werden, um die Geschwindigkeit zu reduzieren. Das gibt Ihnen die

Ein aufprallabsorbierendes Fußrastensystem

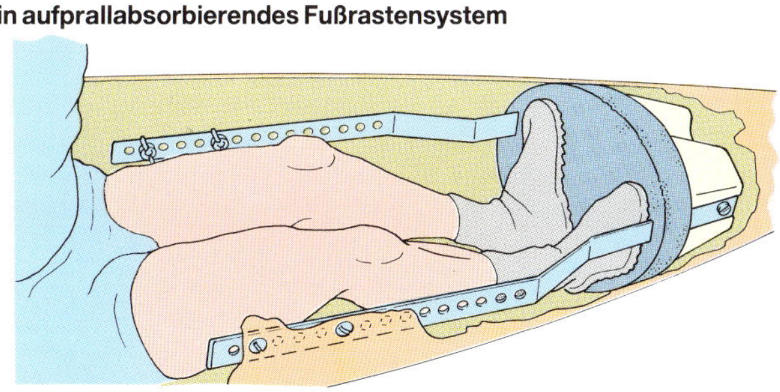

Wenn man Beschädigungen der Wirbelsäule vermeiden will, muß man größten Wert auf ein stoßabsorbierendes Fußrastensystem legen.

Oben: Hier wird ein Seil benutzt, um dem Kajak einen etwas trickreichen, aber weichen Start zu ermöglichen.

Möglichkeit sich von der anstrengenden Arbeit mit der Seilfähre rückwärts auszuruhen und sich umzuschauen.

BEGUTACHTEN VON STROMSCHNELLEN

Bei diesem Schwierigkeitsgrad sind die Katarakte entweder sehr lang oder sehr kompliziert, im schlimmsten Fall beides. Das Einprägen der Ideallinie ist eine schwierige Angelegenheit. Es bietet sich an, die Stromschnelle in Abschnitte zu unterteilen. Nach jedem Abschnitt gibt es einen Ruhepunkt. Lassen Sie sich nicht dazu verleiten, den Fluß nur aus der Höhe zu studieren, beispielsweise von einer Brücke aus. Wenn möglich gehen Sie ans Ufer und schätzen Sie die Wellenhöhe, die Höhe der Fälle und die Strömungsgeschwindigkeit.

– Wenn Sie Ihren Kurs festlegen, tragen Sie ihn in eine Revierkarte in Ihrem Kopf ein. Suchen Sie sich die unangenehmen Streckenabschnitte heraus. Stellen Sie sich vor, wie sie vom Kajak aussehen werden, damit Sie sie später rechtzeitig wiedererkennen.
– Konzentrieren Sie sich. Schließen Sie die Augen und fahren Sie im Gei-

ste die Strecke ab. Halten Sie die Reihenfolge ein und machen Sie an den vorgesehenen Stellen ein Pause.
– Überprüfen Sie nochmals Stellen, an denen Sie sich unsicher fühlen.
– Wiederholen Sie mehrfach die Abfahrt im Geist.

Sobald Sie über die Absicherung entschieden haben, kehren Sie zum Kajak zurück und checken Sie:
– Luftsäcke

Am Ufer:
– Helm und Schwimmhilfe.
– Stoßen Sie ab und paddeln Sie zum Aufwärmen ein paar Runden. Dehnen und drehen Sie die Hüfte.
– Sobald Ihnen das Uferteam das Signal gibt, machen Sie sich auf die Strecke.

Speichern Sie nicht zu viele Einzelheiten in Ihren mentalen Routenplan – wichtig ist der Generalkurs. Mit zunehmender Praxis wächst Ihr Erinnerungsvermögen. Eine gute Übung ist es, bei der Begehung eine Skizze anzufertigen, die man sich dann einprägt.

Ellbogenwende

Die modernen Plastikkajaks haben ganz neue Dimensionen eröffnet. In engen, verblockten Gewässern kann man die Felsen als Wendehilfen oder als Ruheplätzchen benutzen.

Streß-Leistungsdiagramm

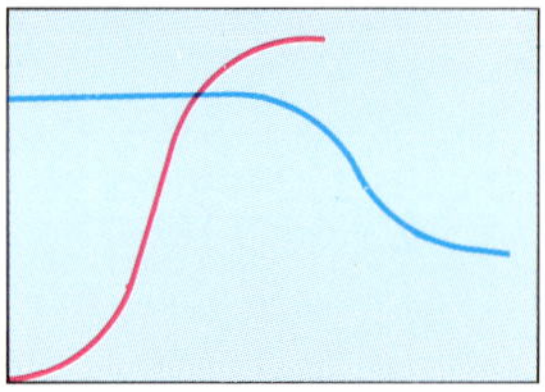

Angst kann den Streß so erhöhen, daß Ihre Leistungsfähigkeit dramatisch abfällt.

GELASSEN BLEIBEN

Angst spielt beim Wildwasserfahren eine große Rolle. Sie ist eine Art Sicherheitsschaltung, die Sie davon abhält Dinge zu tun, für die Ihr Können nicht ausreicht. Aber die Angst kann auch stark werden, nachdem Sie sich entschlossen haben einen Fluß zu befahren, dem Sie sich durchaus gewachsen fühlen. Unter diesen Umständen wird Sie die Anspannung sensibilisieren und besser paddeln lassen.

Die graphische Darstellung von Streß und Leistungsvermögen zeigt einen für viele Sportarten typischen Verlauf. Sie sehen, daß der Streß zuerst ein Ansteigen der Leistung bewirkt. Wird der kritische Punk ›B‹ erreicht, geht es mit der Leistung ›bergab‹. Viele Paddler erzählen, daß Sie sich in diesem Zustand buchstäblich ›hohl‹ fühlten. Wenn Sie einen unbekannten Flußabschnitt befahren müssen, bauen Sie Ihren Streßlevel ab, sobald Sie merken, daß Sie sich dem Punkt B nähern. Am einfachsten ist es, wenn Sie sich entspannen. Es gibt dafür viele Möglichkeiten, einige sind so entspannend, daß Sie einschlafen können – sicher nicht ganz das, was Sie erreichen wollten! Probieren Sie die folgende Methode aus:
– Setzen Sie sich ins Boot und schließen Sie das Spritzdeck.
– Bevor Sie ablegen, schließen Sie die Augen.
– Legen Sie die Arme auf das Spritzverdeck.
– Atmen Sie tief ein.
– Atmen Sie langsam aus, lassen Sie sich tief in den Sitz sinken.
– Wiederholen Sie es – und nochmal.
– Wenn Sie ausatmen, denken Sie nur daran, Ihre Arme auf das Spritzdeck sinken zu lassen, lassen Sie die Schultern nach unten hängen.
– Sie werden sich anschließend entspannt fühlen und bereit zum Ablegen sein.

Natürlich müssen Sie es üben und vertraut damit werden. Zuerst werden Sie nicht wissen, wie sehr Sie sich aufbauen müssen. Vielleicht gehören Sie auch zu den wenigen Glücklichen, die unter Streß nicht abbauen. Auf alle Fälle sollten Sie nur mit positiven Gedanken im Kopf starten.

ROLLE

Es ist unabdingbar, daß Sie die Rolle zuverlässig beherrschen, wenn Sie im Wildwasser eine Sicherheitsreserve haben wollen. Der Paddler, der im flachen, steinigen Wasser der höchsten Kategorie fährt, muß darüber hinaus lernen, nicht zu rollen. Es gibt auf diesen Flüssen Umstände, die das Rollen sehr gefährlich machen, und es angezeigt sein lassen, auszusteigen und ans Land zu waten. Die erwähnten Umstände sind schwer zu definieren. Enge, felsige Passagen mit Wasserfällen gehören zu den Plätzen, wo der Paddler seinen Kopf nicht ins Wasser unter das Boot stecken sollte. Unter diesen Bedingungen ist das Sicherheitscockpit klar ein Vorteil, das es dem Paddler erlaubt schnell auszusteigen – oft ohne nasse Haare bekommen zu haben.

Die Entscheidung zwischen der Rolle und dem Ausstieg darf nicht erst fallen, wenn die Ereignisse außer Kontrolle geraten. In solchen Momenten ist der Kopf selten frei genug, um klar zu entscheiden – d. h. die Chance eine falsche Entscheidung zu treffen, ist sehr groß. Der richtige Zeitpunkt für diese Entscheidung ist bei der Begehung. Sie sollten Ihre Überlegungen mit den Helfern am Ufer besprechen, damit die schnell zur Stelle sind, wenn Sie Ihr Bad nehmen. Es muß nochmals betont werden, daß das kein Argument gegen eine sichere Beherrschung der Rolle ist. Sie müssen die Rolle können, damit Sie frei auf die Situation reagieren können.

Jeder Paddler muß die Rolle mit größter Sicherheit beherrschen. Genauso wichtig ist es, blitzartig entscheiden zu können, wo man keine Rolle riskieren darf.

SECHSTES KAPITEL

WILDWASSERTRAINING

Das Trainingsprogramm für jede Sportart besteht aus einem Plan, nach dem systematisch Übungen absolviert werden, die eine Erhöhung der Leistung versprechen. Sollten Sie an keinen Wettkämpfen teilnehmen, können Sie sich frei vom Zwang des Trainings fühlen, Sie sind eher ein Wanderpaddler als ein Spitzenathlet. Das Kajakfahren als solches hält Sie ausreichend fit. Sollten Sie aber Ehrgeiz entwickeln und nach höheren Weihen streben, müssen Sie wie jeder andere Spitzensportler hart trainieren. Das Training läßt sich in zwei große Bereiche einteilen:

1. Ausfeilen der Technik.
2. Fitneßtraining.

Beim Verbessern der Technik, arbeiten Sie an der Handhabung des Bootes, der Beurteilung eines Flusses und der Reaktionsschnelligkeit. Ein Teil dieser Übungen wird so strukturiert sein, daß Sie sich selber Aufgaben stellen, während Sie ein anderes Mal Ihr Können dadurch verbessern, daß Sie die Aufgaben dem Zufall überlassen. Das Befahren von sicheren Stromschnellen nach Sicht ist ein gutes Beispiel für den zweiten Fall.

DAS GEFÜHL FÜR DAS WASSER

Einer der wichtigsten Faktoren, der darüber entscheidet ob jemand ein guter Schwimmer wird oder nicht, ist ein angeborenes Gefühl für die Bewegung der Gliedmaßen im Wasser. Der Kajakfahrer braucht genauso dieses Gefühl für das Wasser, nur daß die Arme Verlängerungen bekommen haben – die Paddelblätter. Weil wir nicht mit Paddelblättern an den Armen geboren werden, müssen wir durch Übung lernen, den Druck des Wassers über den Schaft zu spüren. Das geschieht schrittweise während des Paddelns und wird durch das Techniktraining beschleunigt.

BASIS FREESTYLETRICKS

Das Üben von Freestyletricks ist eine der beliebtesten Trainingsformen. Bei der Arbeit zu zweit oder in Gruppen hilft und kritisiert man sich gegenseitig, auch fühlt man sich verpflichtet zum Training zu gehen, auch wenn man eigentlich keine Lust hat.

In einigen Ländern gibt es regelrechte Wettbewerbe im ›Freestyle‹, der Paddler muß auf einem kurzen Flußabschnitt, der Löcher und stehende Wellen aufweist, sein Können demonstrieren. Die Tricks basieren auf drei Grundmanövern: Surfen an einem Stopper, Kopfstand und Wellenreiten. Davon ist das Surfen am Stopper die Basis für die anderen beiden.

Der Paddler beginnt seitlich in einem Stopper. Er demonstriert sein Gleichgewichtsgefühl, indem er das Boot angekantet hält und dabei die Stütze entlastet. Fangen Sie damit an, indem Sie einfach das Blatt von der Oberfläche abheben und dann den Schaft mit der stromabwärtsgerichteten Hand tief neben dem Boot ins Wasser tauchen, bis Sie den kräftigen Druck des abfließenden Wassers spüren. Das verleiht Ihnen einen prächtigen Halt, wirkt aber auf Zuschauer, als ob Sie über magische Kräfte verfügten. (Es gehört zum Freestyling, daß man Neugierige anlockt, also schämen Sie sich dessen nicht!) Was Sie als nächstes tun, um Ihre Balance zu testen, bleibt Ihrer Phantasie überlassen. Singen Sie lauthals ›Auf der Alm da gibt's koa Sünd‹, während Sie auf dem Paddel Gitarre spielen, das wäre kein schlechter Anfang. Ein über alle Maßen gelangweilter Gesichtsausdruck gehört unabdingbar dazu, aber das Schälen von Orangen, das Rauchen von Zigarren oder das Fummeln an Rubics Würfel ist etwas für die ganz Hartgesottenen.

Das nächste Manöver ist der ›360er‹. Dabei drücken Sie das vordere Teil des Bootes aus dem Schlitz des Stoppers, lassen aber das hintere Teil fest in seinen Klauen. Noch ein kleiner Druck und sie liegen wieder breitseits im Stopperschlitz, blicken jetzt aber in die andere Richtung. In der Mitte der

Unten: Der Kopfstand ist eine von drei Möglichkeiten um verschiedene Freestyletricks vorzuführen. Die anderen Grundpositionen sind Surfen am Stopper und Wellenreiten.

Rechts: Der Paddler führt gemütliches Surfen längsseits eines Stoppers vor. Der Fluß liegt in Norwegen, das Lied heißt ›Auf der Alm da gibt's koa Sünd‹! Sie werden damit Aufsehen bei den Kraxelhubern erregen, also ran!

Drehung haben Sie blitzschnell die Aufkantseite geändert. Um den 360er zu vollenden wiederholen Sie das Manöver. Sobald Sie herausgefunden haben, wie Sie das Bootsende aus dem Griff des Stoppers befreien müssen, liegt das Geheimnis nur noch im präzisen Wechsel der Aufkantseite zur rechten Zeit. Kurze Kajaks sind hervorragend geeignet, fortwährend schnelle 360er zu machen; das sieht für den Betrachter ganz stark aus.

Schließlich suchen Sie sich eine Walze aus, über der genügend Wasser steht, um das Stoppersurfen vorzuführen. Eine unbeabsichtigte Kenterung kommt schneller, als man glaubt. Deshalb sollte dort kein Felsen liegen, an dem man die Festigkeit seines Helms testen kann.

Das Surfen kann man mit dem Reiten auf grünen Wellen, Kopfständen und Raketenstarts kombinieren. Beim Raketenstart wird der Kajak aus dem klassischen Kopfstand durch den Auftrieb des Bootes und dem Wasserdruck der Welle in die Luft katapultiert. Ein Raketenstart wird in der Umgangssprache ›kosmisch‹ genannt, wenn das ganze Boot durch die Luft fliegt und man den ›Astronauten‹ noch kilometerweit stromabwärts hysterisch quietschen und jodeln hört. Sollte es Ihnen gelingen, den Kajak an der Rückseite einer Walze tief in den Trog hineinschießen zu lassen, eine Rakete rückwärts zu vollführen, beim Verlassen des Wassers eine Drehung auszuführen, so daß Sie auf dem Kiel landen und dabei ein unendlich gelangweiltes Gesicht zeigen, werden Sie über Nacht eine Kultfigur.

MANÖVERTRAINING

Nehmen Sie sich auf einem kurzen Abschnitt der Stromschnelle bestimmte Manöver vor. Verändern Sie dabei den Anstellwinkel, die Körperhaltung und das Timing der Schläge. Verflechten Sie dann die einzelnen Manöver, und befahren Sie eine längere Strecke des Katarakts. Scheuen Sie sich nicht davor, in flache Stellen auszuweichen und die Schläge und Verbindungen zu wiederholen, erst wenn Sie sich sicher fühlen, setzen Sie die Fahrt fort. Versuchen Sie auch neue Schläge einzuüben. Das Springen von Stauwasser zu Stauwasser **stromaufwärts** ist eine gute technische Übung und gibt Ihnen Gelegenheit sich zu überlegen, was Sie bei der Abfahrt verkehrt gemacht haben.

KURZE KAJAKS

Sollten Sie in einen kurzen Kajak passen, leihen Sie sich einen von Zeit zu Zeit aus und befahren Sie damit rauhes Wasser. Kentern Sie häufig und üben Sie die Rolle. Lernen Sie die halbe Rolle.

– Strecken Sie den Kopf aus dem Wasser – holen Sie Luft.
– Knicken Sie zur Ausgangsstellung zusammen.
– Bringen Sie das Paddel sorgfältig in Position.
– Rollen Sie hoch.

Dieses Manöver verschafft Ihnen zusätzliche Luft, wenn Ihr Brustkorb bei der Kenterung zusammengedrückt wurde, oder Sie schlicht in der Hektik vergessen hatten, tief einzuatmen.

Diese steilen und klar ausgeformten stehenden Wellen enthalten genug Energie, um den Kajak auf die Nase zu stellen, obwohl sie nicht besonders hoch sind.

LEHREN SIE ANDERE

Nicht so erfahrene Paddler wie Sie benötigen und wollen Hilfe, und sie erwarten sie von Ihnen. Das Unterrichten wird Ihnen selber viele technische Details klarer machen und so auch Ihre eigenen Fähigkeiten verbessern.

Außerdem verbessert es die engen Beziehungen zwischen den Paddlern und erinnert uns daran, daß wir immer auch Verantwortung für den anderen tragen.

FITNESSTRAINING

Medizinische Studien haben bewiesen, daß die Arbeit, die beim Paddeln vom Oberkörper verrichtet wird, außerordentlich intensiv ist. Sie bewegen Ihren Körper unter Einsatz von nur einem Drittel der gesamten Muskelmasse vorwärts. Physiologen haben dies als ›Laufen auf den Händen‹ beschrieben. Es ist bewiesen, daß nur bei Radrennfahrern das Herzvolumen stärker zunimmt. Kurz gesagt: Paddeln ist harte Arbeit. Ich bin sicher, daß Sie das auch schon gemerkt haben. Welchen besseren Grund könnten Sie haben, um Ihre Leistungsfähigkeit zu steigern?

Drei wesentliche Elemente müssen trainiert werden:
- Beweglichkeit
- Lokale Muskelausdauer
- Muskelstärke und Schnellkraft.

Beweglichkeit

Das Kajakfahren wird Ihren Oberkörper stärken, ob Sie das wollen oder nicht. Damit ist ein leichter Verlust an Muskelflexibilität verbunden. Gute Technik verlangt jedoch eine große Beweglichkeit des Oberkörpers, der Hüften, der Schultern und Handgelenke. Daher darf die Flexibilität nicht abnehmen, sondern sie muß erhöht werden. Betrachten wir zuerst isoliert die Beweglichkeit des Rumpfs. Wie oft wurde in den vergangenen Kapiteln darauf hingewiesen? Wohl in jedem Manöver spielt sie eine Rolle. Die Erhaltung und Vergrößerung des Drehvermögens Ihres Oberkörpers wird Ihnen beim Paddeln sehr zugute kommen. Sie erreichen das durch regelmäßige, im Schwierigkeitsgrad zunehmende Dehnungsübungen. Dehnungsübungen sind eine Kunst und Wissenschaft für sich. Es gibt einige fundamentale Regeln, die Sie verstehen müssen, bevor Sie mit den Übungen beginnen können.

Wann?
- Täglich
- Vor und nach Trainingsstunden und dem Paddeln.
- Sobald Sie sich steif fühlen.

Warum?
- Die Verkrampfung der Muskeln wird gelöst.
- Die Verletzungsgefahr wird vermindert. (Ein starker, vorgereckter Muskel verträgt Belastungen besser als ein ein starker, ›kalter‹ Muskel.)
- Die Beweglichkeit wird erhöht.

Die Übungen sollten niemals schmerzen; überanspruchte und überdehnte Muskeln sind schädlich. Dehnen und strecken Sie sich nur so weit, daß Sie unter Anspannung ein leichtes Ziehen in den beanspruchten Muskeln spüren. Wenn Sie sich an eine Dehnungsübung gewöhnt haben, können Sie sie etwa 30 s ausführen, als Anfänger entsprechend kürzer. Auf der nächsten Seite sind einfache Dehnungsübungen beschrieben. Führen Sie sie regelmäßig durch, so daß Sie Ablauf und Positionen sicher beherrschen. Es erfordert etwas Übung, die beschriebenen Stellungen zu erreichen. Denken Sie daran: Nicht mit Gewalt trainieren! Sollten Sie sich beim Paddeln die Schulter ausgekugelt haben, fragen Sie Ihren Arzt, wann Sie wieder mit Ihren Übungen beginnen dürfen.

Ausdauertraining lokaler Muskeln

Bei einem einzigen Paddelschlag vorwärts bringen Sie eine Kraft zwischen 9 und 14 kp auf das Blatt. Überlegen Sie sich mal, wie oft Sie diesen Schlag bei einer einzigen Flußfahrt wiederholen, und Ihnen wird klar werden, warum Sie die Ausdauer bestimmter Muskeln trainieren müssen.

Ein Teil der Arbeit, die Sie im Boot verrichten, besteht aus relativ leichten Bewegungen, die aber ständig wiederholt werden müssen, z.B. wenn Sie einen langen, einfachen Flußabschnitt befahren. Diese Arbeit der Muskeln nennt man **aerob**, die nötige Energie wird durch Verbrennung von Blutsauerstoff erzeugt! Gute Marathonläufer sind an diese Form der Belastung extrem angepaßt. Beim Wildwasserfahren kann die Belastung aber plötzlich stark anwachsen, z.B. beim Beschleunigen, bei Drehungen und bei der Seilfähre. Diese Belastung wird **anaerob** genannt. Die Energie wird diesmal durch einen chemischen Umwandlungsprozeß erzeugt, für den kein Sauerstoff benötigt wird, allerdings wird eine Sauerstoffschuld eingegangen. Bei diesem Prozeß wird Milchsäure erzeugt, nach einiger Zeit leidet der Sportler unter einem ›Sauerstoffdefizit‹. Er fühlt sich schwach, er beginnt zu keuchen und zu zittern. Während des Wildwasserpaddelns bewegen Sie sich zeitweise nur im aeroben Bereich, dann wieder im anaeroben. Ihr Training muß den unterschiedlichen Anforderungen gerecht werden. Ihre Übungen können Sie im Boot oder an Land ausführen. Diese Abwechslungen halten das Interesse aufrecht. Das Training an Land hält Sie fit, wenn kurze Tage,

Der 360er

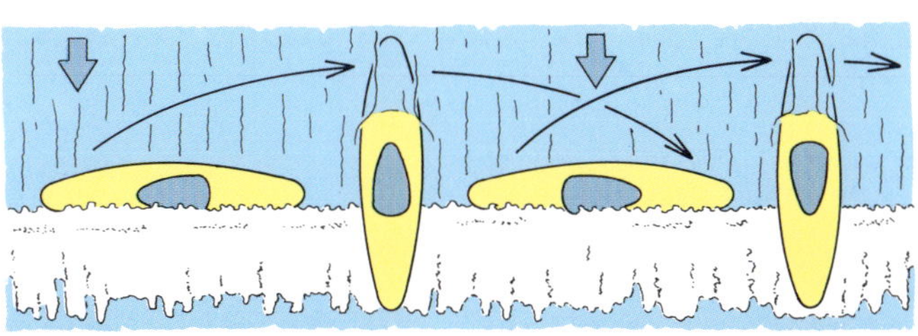

Beginnen Sie mit dem Surfen parallel zur Walze am Ende des Stoppers. Drehen Sie den Bug heraus, aber lassen Sie das Heck im Schlitz, damit der Kajak zurückgezogen wird. Ein leichter Vorwärtsschlag läßt Sie auf der anderen Seite wieder an die Walze klappen. Als nächstes ziehen Sie jetzt das Heck aus dem Stopper usw, usw.

Rakete

Eine gute Rakete an einer idealen Welle.

Neun Dehnübungen für Paddler

Rechts: Knien Sie sich hin, beugen Sie sich vor und strecken Sie die Arme vor. Spüren Sie die Spannung in Ihren Hüften und in den Armen, aber übertreiben Sie nicht. Verharren Sie so 15 s lang. Wenn Sie wollen, können Sie diese Übung auch wechselweise mit einem Arm ausführen. Die Übung stärkt die Rükkenmuskulatur, die beim Paddeln sehr stark belastet wird.

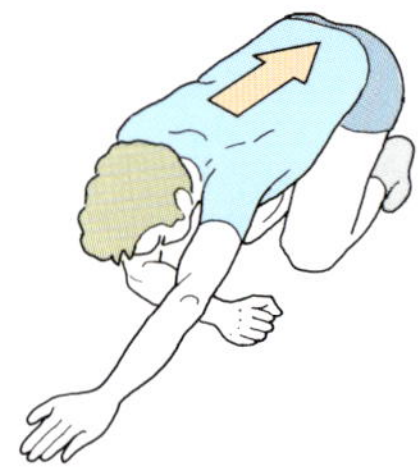

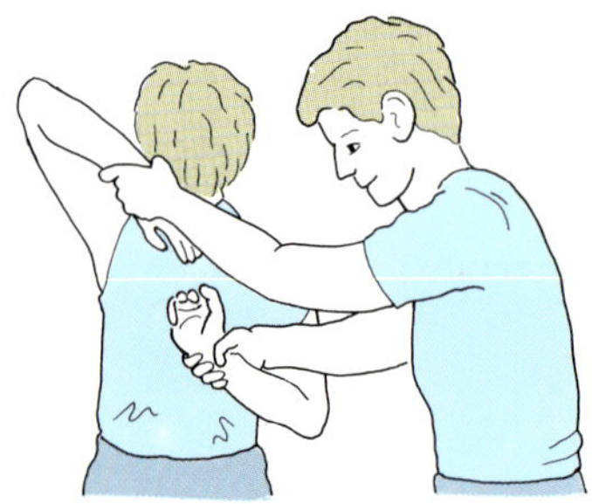

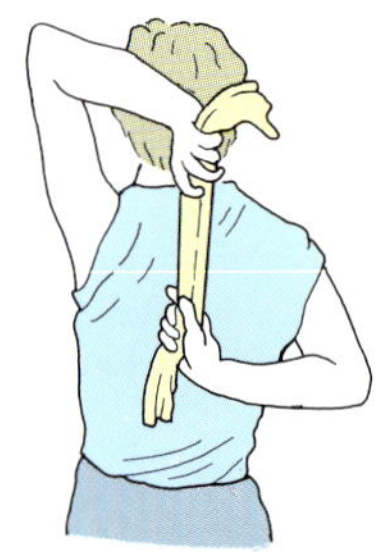

Oben: Eine andere Dehnübung für die Schulterpartie liegt darin, hinter dem Rücken die Fingerspitzen zusammenzuführen. Bleiben Sie 10–15 s lang in dieser Position. Sollten sich Ihre Fingerspitzen nicht treffen, bitten Sie einen Freund sie langsam und sehr, sehr vorsichtig aufeinander zu zuziehen. Eine andere Methode ist es, ein Handtuch in die Hände zu nehmen, und die Finger daran aufeinander zukriechen zu lassen. Sollten Sie eine Schulterverletzung haben, z. B. ein ausgekugeltes Schultergelenk, lassen Sie diese Übung aus. Diese Verletzung tritt bei Wildwasserpaddlern sehr häufig auf. Warum das so ist, und wie man sie behandelt, wird in einem späteren Kapitel beschrieben.

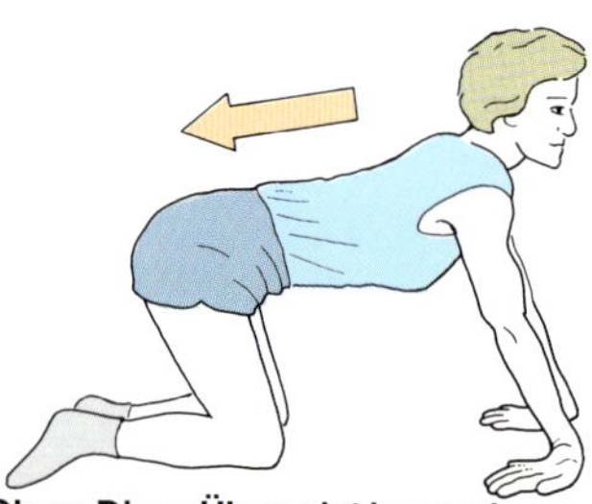

Oben: Diese Übung ist besonders sinnvoll, wenn man einen langen Paddeltag hinter sich hat. Stützen Sie sich auf die Hände, die Finger müssen in Richtung der Knie zeigen. Die Handflächen müssen flach aufliegen. Stoßen Sie den Rumpf vorsichtig nach hinten, um die Spannung zu spüren.

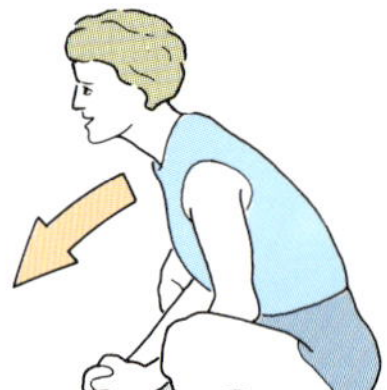

Oben: Drücken Sie die Fußsohlen zusammen, halten Sie die Zehenspitzen fest. Knicken Sie langsam in der Hüfte ein, bis Sie die Spannung im Unterbauch fühlen. Bleiben Sie 30 s in dieser Position. Sie benötigen diese Muskeln bei den Stützen, deshalb werden Sie beim Wildwasserpaddeln immer stark belastet.

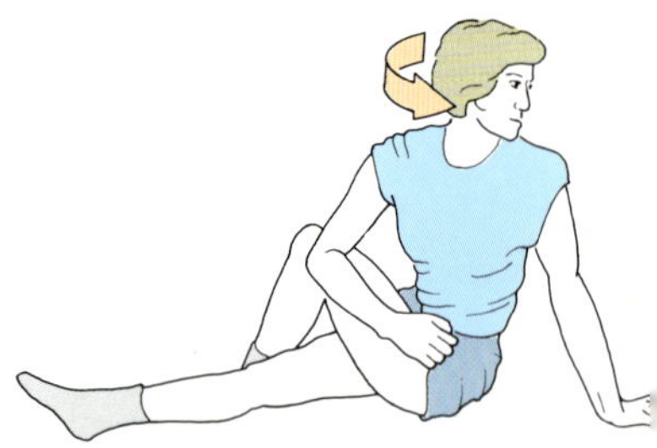

Oben: Strecken Sie das rechte Bein aus, setzen Sie das linke Bein angewinkelt auf die innere Seite des rechten Knies. Winkeln Sie den rechten Arm an, und legen Sie die Hand an die linke Hüfte.

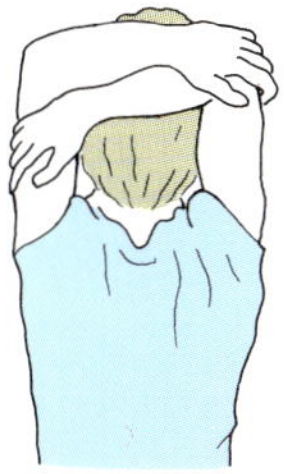

Links: Kreuzen Sie die Arme hinter dem Kopf, halten Sie den Ellbogen des einen Arms mit der anderen Hand fest. Ziehen Sie den Ellbogen langsam hinunter – ohne Ruck.

Bleiben Sie so 15 s lang. Die Übung können Sie auch während des Laufens durchführen. Eine Variation sind seitliche Rumpfbeugen im Stand, während der Zug auf dem Ellbogen aufrecht erhalten bleibt. Führen Sie die Übung immer nach beiden Seiten durch. Atmen Sie gleichmäßig weiter. Denken Sie daran, daß die Übungen niemals schmerzen dürfen, wenn sie richtig durchgeführt werden. Sie werden bald herausfinden, was gut für *Ihren* Körper ist.

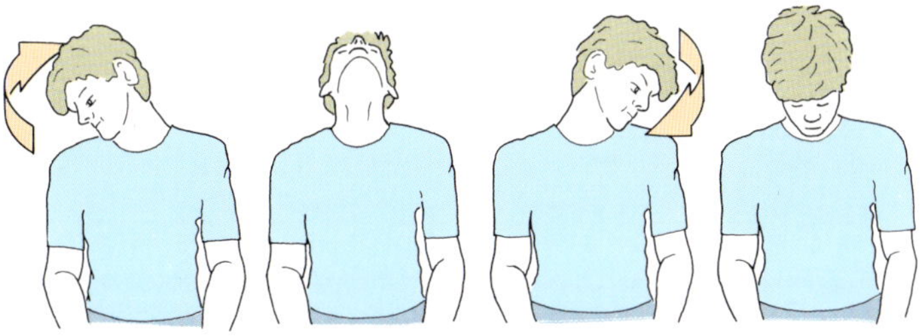

Links: Legen Sie den Kopf auf eine Schulter, rollen Sie ihn langsam zur anderen Seite und zurück. Drücken Sie den Kopf in den Nacken, dann gehen Sie wieder in die Ausgangsposition. Diese Übung kann man auch gut während einer Rast im Boot absolvieren.

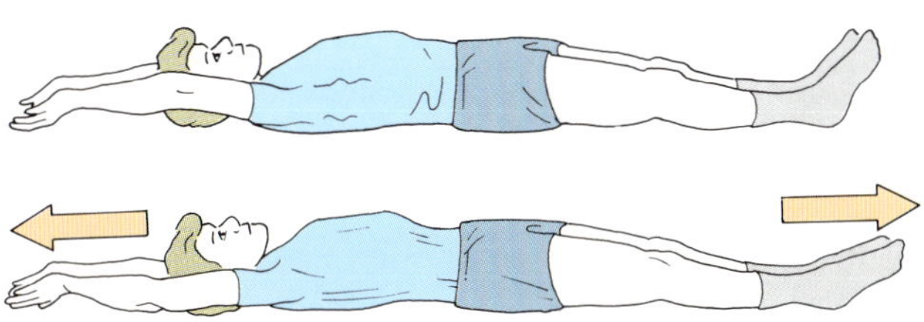

Links: Legen Sie sich ausgestreckt auf den Rücken, die Arme sind über dem Kopf gestreckt. Strecken Sie Füße, Zehen, Hände und Finger, verbleiben Sie so 5 s lang, und entspannen Sie sich dann. Wiederholen Sie die Übung so oft Sie wollen. Gestärkt werden die Muskulatur des Rippenbogens, der Bauchmuskel, das Rückgrad, die Schulter und die Arme.

Rechts: Setzen Sie sich mit einem ausgestreckten Bein auf den Boden, die Fußsohle des anderen Beins sollte die Innenseite des gestreckten Schenkels berühren. Beugen Sie sich aus der Hüfte heraus vorwärts, bis Sie die Belastung im Oberschenkel (Achillessehne) spüren. Beim Paddeln kann die Achillessehne verkürzt werden, diese Übung wirkt dem entgegen und hält sie flexibel, so daß Ihre Vorwärtsbewegungen nicht eingeschränkt werden.

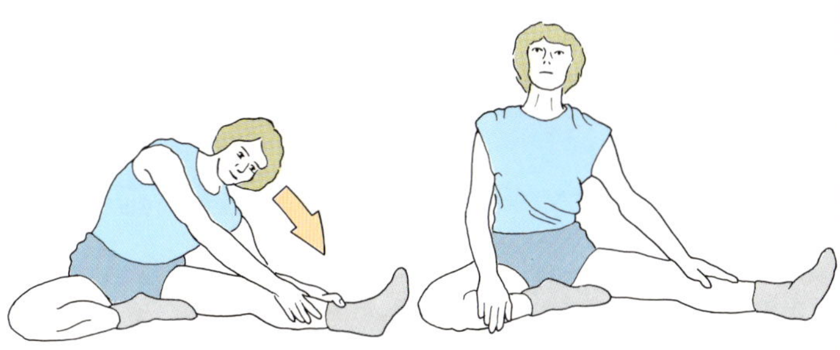

Niedrigwasser oder Eis das Paddeln unmöglich machen.

Um im Kajak die aerobe Belastung zu trainieren, sollten Sie lange Übungstörns unternehmen, die Surfperioden, Wasserpolospiele und lange Paddelstrecken im ruhigen Wasser enthalten. Wanderfahrten Binnen und auf See sind ideale Formen des Ausdauertrainings.

Die anaerobe Belastung üben Sie durch kurze Sprints von 30, 40 und 50 s Dauer. Legen Sie nach jedem Spurt eine Pause ein, während der Sie gemächlich paddeln. Üben Sie das Auschwingen und das Queren ungefähr 30 s lang, paddeln Sie dann rund 1 Minute wieder zum Ausgangspunkt zurück, beginnen Sie das Spiel von vorne.

Das Ausdauertraining an Land umfaßt: Langstreckenschwimmen, Skilanglauf, Joggen, Intervalltraining, leichtes Gewichtstraining mit vielen Wiederholungen, arbeiten mit der Paddelmaschine.

Man kann sich harte Trainingsprogramme ausdenken, aber um nicht in Stumpfsinn zu verfallen, sollte man in Gruppen üben oder Musik hören. Sie sollten lange Ausdauertrainingsabschnitte nach 15 oder 30min durch kurze Aktivitätsausbrüche von bis zu 40 s unterbrechen. Teilen Sie sich die Trainingsintervalle wie im Boot ein.

Das Intervalltraining erhöht sowohl die Fitneß als auch die Ausdauer. Es umfaßt einfache Übungen in einer Halle oder am Rande eines Sportplatzes. Bauen Sie viele Wiederholungen ein. Die sechs bis acht Übungen sollten nicht zu kompliziert sein und jeweils in drei Durchläufen von insgesamt zwölf bis fünfzehn Minuten absolviert werden. Folgende Übungen können Sie einbauen: Liegestütze, Aufrichten mit angezogenen Beinen, Rumpfbeugen, Hüpfen in der Hocke, Stoßen von Gewichten in die Höhe, Sprints.

Für die anaeroben Übungen eignen sich Klimmzüge und Barrenübungen zwischen denen aktive Erholungspausen einlegt werden. Sollten Sie mit Gewichten arbeiten, übertreiben Sie es nicht, d.h. benutzen Sie nur leichte Gewichte, an denen Sie mit 15 bis 20 Wiederholungen arbeiten.

Krafttraining

Ein Wildwasserpaddler muß in den Armen, den Schultern, der Brust und dem Rücken über erhebliche Kräfte verfügen. Auch hier kann sowohl auf dem Wasser als auch an Land geübt werden. Im Boot können Sie folgende Übungen machen:

– Ziehen Sie einen Hemmschuh im ruhigen Wasser hinter sich her (Autoreifen!).
– Paddeln Sie mit großen Paddelblättern, die im Wasser einen großen Widerstand entwickeln.
– Fahren Sie im ruhigen Wasser einen festgelegten Kurs ab, der scharfe Kurven, seitliche Versetzungen und enge Wendungen enthält.
– Wiederholen Sie das Programm mit einem schweren, langsam drehenden Kajak. Das Prinzip, das hinter all diesen Übungen steht, besteht darin den Muskel zu überlasten. Der Muskel muß bis an den Rand seiner Kapazität arbeiten, diese maximale Belastung fördert sein Wachstum, was wiederum die Kraft anwachsen läßt.

Auf dem Land ist das Arbeiten im Kraftraum oder mit Hanteln nützlich. Die Belastung sollte *langsam* gesteigert werden! Haben Sie keinen Zugang zu einer ›Folterkammer‹, benutzen Sie Ihr eigenes Gewicht und einen Bleigürtel, wie ihn Taucher benutzen, um die Übungen zu verschärfen.

1. Klimmzüge – z.B. an einem Paddelgriff.
2. Liegestütze, um das Gewicht auf den Armen zu erhöhen, legen Sie die Füße auf eine Bank.
3. Aufstehen aus dem Schneidersitz.
4. Barrenübungen.

Sollten Sie noch nie mit Gewichten gearbeitet haben, dann sollten Sie sich von anderen Sportlern beraten lassen oder entsprechende Literatur lesen, bevor Sie sich daran versuchen, denn die Verletzungsgefahr ist bei falscher Technik groß. Machen Sie sich zuvor mit leichten Übungen warm. Sobald Sie schwitzen, machen Sie Ihre Dehnübungen, dann beginnen Sie an den Gewichten. Hier sind ein paar Übungsvorschläge, die für das Paddeln nützlich sind:

Hochrollen

Gehen Sie in Grätschstellung.

Halten Sie die Hantel im Untergriff.

Heben Sie das Gerät langsam in Brusthöhe.

Senken Sie es langsam wieder.

Atmen Sie beim Heben ein – beim Absenken aus. Drücken Sie den Rükken durch.

Rückenlage

Legen Sie sich auf den Rücken, Beine

Die Rudermaschine ermöglicht gutes Ausdauertraining, wenn es draußen zu kalt oder zu trocken zum Paddeln ist. Musik oder Gemeinschaftstraining macht die Sache etwas lustiger.

Stärkung der Bauchmuskeln

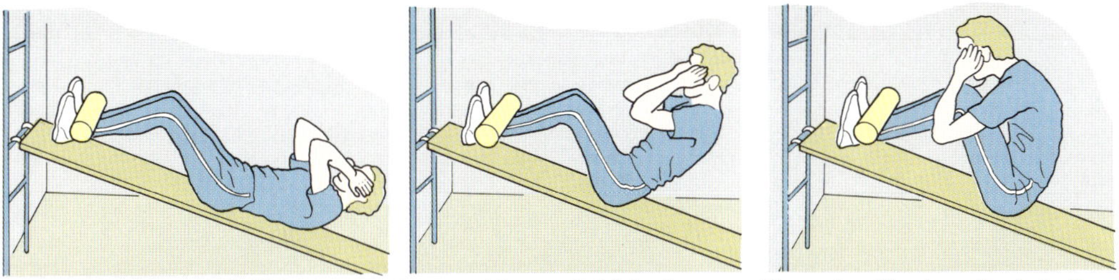

Paddler benötigen sehr kräftige Bauchmuskeln, um die Kräfte in den Unterbauch und die Beine einleiten zu können. Diese Aufrichtübung stärkt diese Muskeln. Die Knie sollten immer leicht angezogen sein, sonst könnten Schäden im Rücken auftreten. Die Übung kann verschieden variiert (erschwert) werden: 1. Halten Sie Arme über dem Kopf gestreckt. 2. Erhöhen Sie den Anstellwinkel des Bretts. 3. Versuchen Sie abwechselnd mit den Ellbogen das gegenüberliegende Knie zu berühren, wenn Sie sich aufrichten – das ist schon fast eine typische Paddelbewegung.

Oben: Gewichtheben. Grundposition ist die leichte Grätschstellung, das Gewicht wird im Untergriff gehalten.

Oben rechts: Gewichtheben. Mittelposition: Spannen Sie Ihre Armmuskeln langsam an, bringen Sie das Gewicht vor die Brust. Atmen Sie dabei ein. Danach lassen Sie das Gewicht wieder langsam sinken.

gestreckt. Lassen Sie sich die Hantel in die hochgestreckten Hände über Ihrer Brust legen. Benutzen Sie den normalen Paddelgriff.

Senken Sie das Gewicht auf die Brust.

Drücken Sie es in die Höhe.

Atmen Sie beim Absenken ein – beim Drücken aus.

Einarmiges Ziehen

Knien Sie mit einem Bein und einer Hand auf der Bank, der Rumpf ist parallel zum Boden abgeknickt. Ziehen Sie das Gewicht mit einer Rumpfdrehung an Ihrer Seite in die Höhe. Setzen Sie das Gewicht wieder ab. Die Geräte im Kraftraum sind viel sicherer zu benutzen, weil sie nicht außer Kontrolle geraten und herunterfallen können. Allerdings kann man sich durch schlechte Technik durchaus verletzen – also Vorsicht!

Ziehen

Knien Sie sich unter die Ziehstange.

Halten Sie die Stange mit ausgestreckten Armen.

Ziehen Sie Stange zum Nacken hinunter.

Gehen sie in die Anfangsposition zurück.

Ziehen Sie die Stange zur Brust,

Diese Übungen nähern sich den Bewegungsabläufen im Kajak an.

Beginnen Sie mit einer Belastung, bei der Sie die Übung zwölf Mal wiederholen können. Sobald sich Ihre Technik verbessert hat, machen Sie drei Durchläufe zu je sechs bis acht Wiederholungen. Sie sollten die Übungen an zwei oder drei Tagen der Woche durchführen und dabei das Trainingsprogramm immer in derselben Reihenfolge absolvieren.

Drücken im Sitzen

Legen Sie sich die Hantel auf die Schultern. Drücken Sie das Gewicht nach oben, lassen Sie es langsam wieder herunter. Mit Kraftmaschinen kann man sehr gut die Bewegungen des Paddelns nachvollziehen. Diese Maschinen arbeiten mit Flaschenzügen, die ihnen eine große Flexibilität verleihen. Teilweise ist es sogar möglich, an der Maschine einen Paddelschaft zu befestigen. Der Widerstand läßt sich sehr fein dosieren.

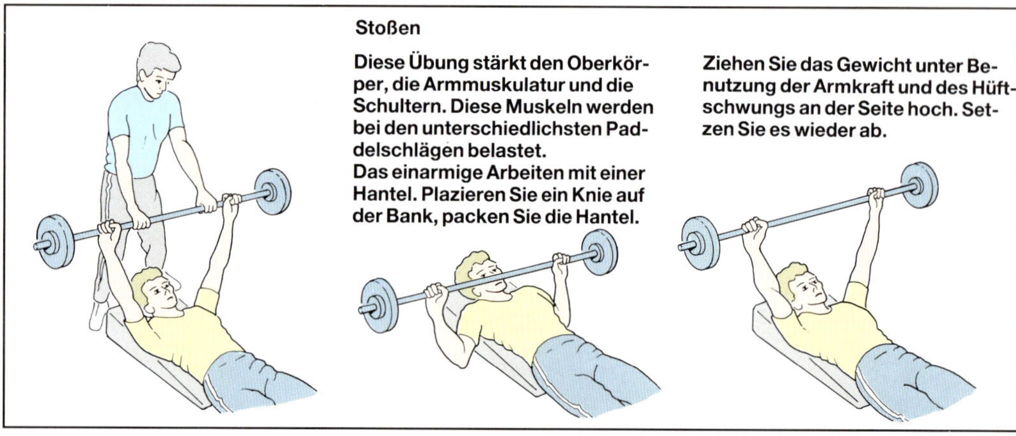

Stoßen

Diese Übung stärkt den Oberkörper, die Armmuskulatur und die Schultern. Diese Muskeln werden bei den unterschiedlichsten Paddelschlägen belastet.
Das einarmige Arbeiten mit einer Hantel. Plazieren Sie ein Knie auf der Bank, packen Sie die Hantel.

Ziehen Sie das Gewicht unter Benutzung der Armkraft und des Hüftschwungs an der Seite hoch. Setzen Sie es wieder ab.

Schnellkraft

Die Fasern, aus denen unsere Muskeln bestehen, sind in zwei Gruppen einzuteilen: die ›schnellen‹ Fasern können sich schnell zusammenziehen, ermüden aber schnell, die ›langsamen‹ Fasern arbeiten langsam aber ausdauernd. Die schnellen Fasern beanspruchen wir bei den schnellen Bewegungen, z. B. bei der Stütze. Beim Training sollten immer die schnellen Fasern gestärkt werden.

Im Boot können Sie das durch wiederholte schnelle Spurts von 10–15 s Dauer erreichen, dazwischen sollten Sie einminütige Erholungsphasen einschieben. An Land benutzen Sie Kraftmaschinen oder die konventionelle Paddelmaschine. Stellen Sie dabei einen mittleren bis niedrigen Widerstand ein. Schnelle Liegestütze und Klimmzüge entwickeln sowohl die Ausdauer als auch die Schnellkraft.

AUFWÄRMEN VOR DEM PADDELN

Vor jedem Start sollten Sie eine bestimmte Routine einhalten. Tennisspieler sind dafür ein gutes Beispiel. Vor jedem Aufschlag tippt der Spieler beinahe lächerlich den Ball mehrfach auf, wischt sich den Schweiß ab und wiegt sich hin und her. Das alles läuft jedesmal in derselben Reihenfolge ab. Das hat folgenden Zweck:

1. Wenn der Ablauf vom Unterbewußtsein gesteuert wird, kann man nichts vergessen.

2. Das Bewußtsein wird auf die Aufgabe ›verengt‹, die Konzentration wird erhöht, Störungen werden ausgeblendet.

Vielleicht sehen Sie nicht, was Ihre Paddelei mit einem Tennisstar zu tun hat. Eines Tages werden Sie auf Ihrem Gebiet dieselbe Perfektion erreichen wollen, wie der Tennisspieler bei seinem Aufschlag, und Sie werden froh sein, daß Sie sich eine Aufwärmroutine angeeignet haben, die Ihnen dazu die Möglichkeit gibt. Diese Routine umfaßt das Checken der Ausrüstung, das mentale Memorieren der Route, das geistige Entspannen und das Aufwärmen des Körpers.

Das Aufwärmen

Kalte Muskeln haben eine größere Zähigkeit als warme. Sie müssen mit kalten Muskeln mehr Kraft aufwenden, außerdem ist die Verletzungsgefahr größer. Sie können sich entweder an Land oder auch im Boot aufwärmen. Einen Teil aber sollten Sie auf alle Fälle im Boot absolvieren – es hilft Ihnen, die richtige geistige Einstellung zu finden.

Man ist immer geneigt das Aufwärmen abzukürzen, besonders wenn man schon richtig scharf darauf ist, endlich loszupaddeln. Halten Sie sich dann besonders genau an den routinemäßigen Ablauf. Beherrschen Sie sich!

Ziehübungen

Dieser Bewegungsablauf ist dem Paddeln sehr verwandt.

Stoßen von Gewichten

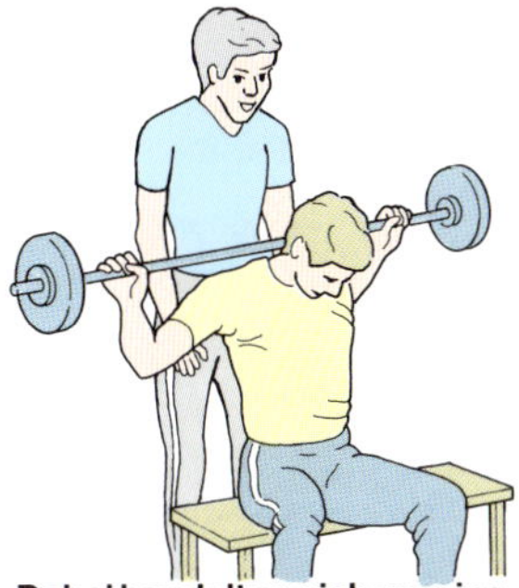

Dabei handelt es sich um eine Übung, die die Arme und die Schultern stärkt. Ein Partner sollte hinter Ihnen stehen, falls Ihnen das Gewicht außer Kontrolle gerät.

Aufwärmen an Land

1. Rumpfbeuge mit Armschwüngen, der Oberkörper schwingt mit.

2. Lassen Sie die Arme entgegengesetzt kreisen.

3. Packen Sie den Paddelschaft hinter den Blättern. Strecken Sie die Arme über Kopf. Drücken Sie das Paddel gerade nach hinten.

Aufwärmen im Boot

1. Hüftschwünge, das Paddel bleibt in der Luft. Beginnen Sie langsam, steigern Sie dann das Tempo.

2. Schulterübungen wie an Land.

3. Kurze Paddelspurts

SIEBENTES KAPITEL

SICHERHEIT UND

So lange es Menschen gibt, wird es unmöglich sein, das Wildwasserpaddeln völlig sicher zu machen. Das Ziel muß sein, das Wildwasser zu genießen und das Risiko durch gute Vorbereitung und umsichtiges Verhalten zu minimieren. Die größte mögliche Sicherheit wirft eine grundsätzliche Frage auf: »Ist die richtige Person mit der richtigen Ausrüstung zur richtigen Zeit am richtigen Ort?« Der einzelne Paddler muß im Mittelpunkt stehen, denn es ist **seine** Sicherheit, die der Fluß auf die Probe stellen wird. Hier sind ein paar Fragen, die sich der Paddler ehrlich beantworten muß:

– Haben Deine Erfahrung und Wissen ausgereicht, um das Revier richtig **einschätzen** zu können?
– Reicht Dein **Können**, um die Aufgabe meistern zu können?
– Hast Du Dich ganz **alleine** entschieden diesen Fluß zu befahren?
– Reicht Deine **Fitness** aus?
– Bist Du in der richtigen **geistigen Verfassung**, um durch den Fluß zu paddeln.
Bist Du Dir der Gefahren der Strecke bewußt?
– Ist Dein **Boot** so sicher, wie es sein muß?
– Ist Deine **persönliche Ausrüstung** in Ordnung?
– Bist Du für einen **Notfall** ausgerüstet?

Sollten Sie nur eine Frage mit ›Nein‹ beantworten müssen, dann müssen Sie sich fragen, ob Sie wirklich **Sicherheit wollen**.

PERSÖNLICHE SICHERHEITSAUSRÜSTUNG

Die nachfolgend aufgeführten Gegenstände sind einfache, vielfach zu nutzende Hilfsmittel, die jeder Paddler in seiner Ausrüstung mitführen sollte: Karabinerhaken, Messer, Rettungssack. Sie sollten immer neben Ihrer Kajakkleidung liegen, damit Sie niemals ohne sie losziehen.

Karabinerhaken

Das ist ein oval geformtes Verbindungsglied, das beim Bergsteigen benutzt wird. Der Paddler kann ihn auf vielfältige Weise benutzen, z.B. um eine Leine am Griff des Bootes zu befestigen, zum Sichern von Ausrüstungsgegenständen im Boot und als Teil eines Flaschenzugs. Die Aluminiumkarabiner sind denen aus Stahl vorzuziehen, weil sie nicht rosten und deutlich leichter sind. Einige verfügen über eine Schraubsicherung, die ein unbeabsichtigtes Öffnen verhindert. Sie sind nicht für den Paddler geeignet, weil feiner Sand das Gewinde dicht setzen kann. Da bei einem Notfall jede Sekunde zählt, dauert das Aufschrauben oft zu lange. Die Paddler picken sich die Karabinerhaken oben an die Schwimmhilfe, an die Hüfte oder an den Rettungssack. Ein Haken ist gut, zwei sind besser!

Messer

Nehmen Sie niemals eine Leine mit auf den Fluß, wenn Sie kein Messer zum Kappen dabei haben. Das rettende Sicherungsseil kann innerhalb von Sekunden zur tödlichen Falle werden, der einzige Ausweg besteht in einem schnellen Schnitt. Ihr Messer hat vielfältige andere Aufgaben, nicht alle dienen der Rettung. Sorgen Sie dafür, daß es immer schön scharf geschliffen ist, und ölen Sie das Gelenk, damit Sie es auch mit steifen Fingern öffnen können.

Rettungssack

Der Rettungssack enthält eine Leine, die man für alle denkbaren Aufgaben verwenden kann, beispielsweise kann man damit einen Schwimmer aus einer Stromschnelle holen. Der Umgang muß geübt werden, damit man im Ernstfall damit vertraut ist.

Die Leine **muß** schwimmfähig und gut sichtbar sein. Sie soll aus weichem Material bestehen, einen Durchmesser von 9mm und eine Bruchlast von einer Tonne haben. Sie muß sich gut im Sack aufschießen lassen. Ummanteltes Tauwerk eignet sich gut, die Tatsache, daß es Wasser aufsaugt, macht sich beim Werfen positiv bemerkbar, da das Gewicht größer ist. Knoten Sie in das freie Ende ein kleine Schlaufe, in die Sie einen Karabiner einhängen können, außerdem erinnert Sie die Schlaufe, daß die Leine zu Ende ist.

Der Sack muß gut sichtbar sein (orange oder gelb). Er muß schwimmen, ggf. stopfen Sie etwas Festschaum hinein. Er sollte röhrenförmig sein, damit er eine gute aerodynami-

Karabinerhaken

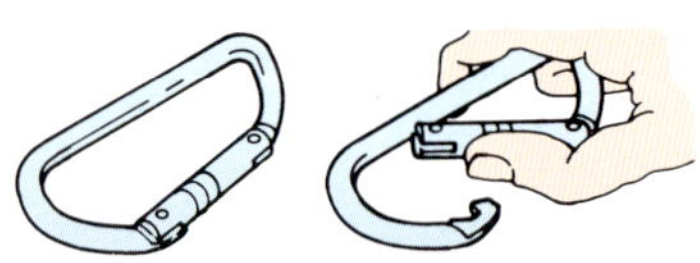

Dieses einfache Werkzeug der Bergsteiger kann beim Paddeln vielfach eingesetzt werden. Der Hauptzweck ist, Leinen schnell zu verbinden oder zu lösen. Man kann den Karabinerhaken in Tauschlingen einsetzen, für Flaschenzüge benutzen und vieles andere mehr.

Wurfsack

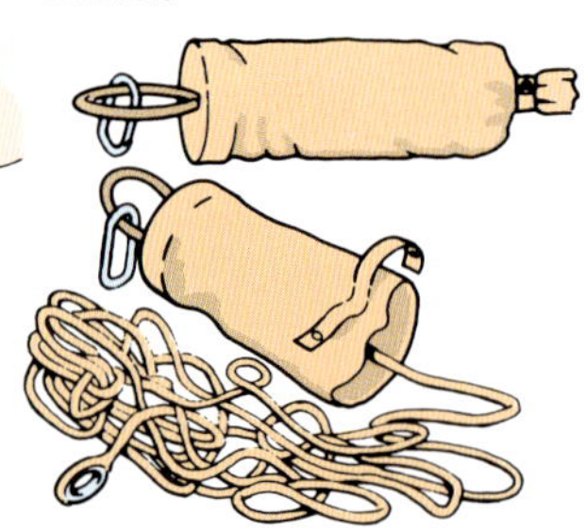

Der Wurfsack ist das wichtigste Rettungsmittel des Paddlers. Er sollte zwischen 15 und 25 m schwimmfähiger Leine enthalten.

Sonstige Ausrüstung

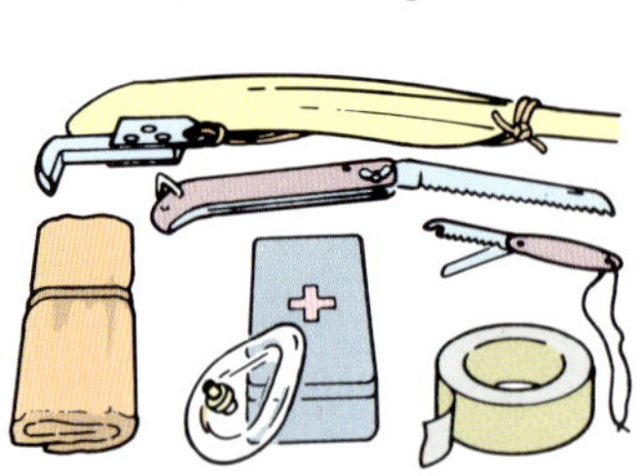

Eine kleine Auswahl: Paddelhaken, Säge, Rettungssack, Erste-Hilfe-Kasten, Messer, Tape.

HILFELEISTUNG

Ein konventionelles Wurfleinensystem, in diesem Fall muß man die Leine teilen, damit der Retter zwei Möglichkeiten zum Werfen hat. Meiner Meinung nach, ist der Wurfsack das bessere System, aber man sollte die altbewährte Wurfleine im Notfall nicht vergessen!

sche Form hat. Die Öffnung muß so groß sein, daß Sie bequem mit Ihrer Hand hineinkommen und einen Verschluß haben, den Sie auch als Griff benutzen können. Er sollte einigermaßen wasserdicht sein.

Wenn Sie den Sack einem Schwimmer zuwerfen, muß die Leine leicht herauskommen, aber nicht auf einmal, denn dann hat der Sack kein Gewicht mehr und fliegt nicht weit genug. Sie müssen die Leine sorgfältig in den Sack aufschießen – ganz gleich, wie eilig Sie es haben – denn sonst vertörnt sie sich, wenn Sie sie werfen. Keinesfalls dürfen Sie sie in losen Buchten in der Hand aufschießen und dann den Bunsch in den Sack stopfen!

Pflegen Sie den Rettungssack, sorgen Sie dafür, daß er immer einsatzbereit ist. Sollten Sie ihn brauchen, haben Sie mit Sicherheit keine Zeit übrig, um ihn zu klarieren!

Weitere persönliche Ausrüstung

Die Ausrüstung richtet sich nach dem Fahrtgebiet, dem Klima, ob Sie in einer Gruppe fahren und ob Sie der Anführer der Gruppe sind.

Befahren Sie einen Fluß in einer abgelegenen Gegend oder führt er durch Schluchten, dann kann ein Paar teilbarer Paddel den Unterschied zwischen der Fortsetzung des Trips und einer mühsamen Kletterpartie unter Zurücklassung des Kajaks bedeuten. Die Paddel passen gut unter die Luftsäcke, die Blätter sollten dicht am Cockpit liegen.

Ein Sack aus beschichteter Folie gibt bei Unfällen Schutz und Wärme. Er sollte orangefarben sein, um Aufmerksamkeit zu erregen. Mit dem Sack kann auch eine provisorische Tragbahre hergestellt werden.

Ein einfacher Erste-Hilfe-Kasten ist unerläßlich, um kleine Blutungen zu stillen, Brüche zu versorgen, aber auch um Sonnenbrand, Insektenstiche oder Durchfall zu behandeln. Zur Grundausstattung gehören: Verbandspäckchen, Pflaster, hypoallergene Pflaster, Dreieckstuch, zwei Kompressen, elastische Binden, Schmerztabletten, Schere, Pinzette, vier große Sicherheitsnadeln.

ERSATZBEKLEIDUNG

Wieviel Ersatzbekleidung Sie mitführen hängt nur davon ab, wie gut Ihre Kleidung und wie kalt es ist, aber auf jeden Fall sind eine winddichte Hose, ein Wollpullover und eine wollene Mütze zu empfehlen. Das paßt alles bequem in einen Nylonbeutel. Weitere Ausrüstung auf anspruchsvollen Trips wird unter den Paddlern verteilt und kann in besonderen Behältern transportiert werden. Der Inhalt kann aus zusätzlichen Medikamenten, einem Ofen, Brennstoff, Kochtöpfen, Reparaturmaterial wie z.B. Gewebeband, Nähzeug, Epoxykleber, Bolzen und Verpflegung bestehen.

WAS KANN AUF DEM WILDWASSER ALLES SCHIEFGEHEN?

Die Unfälle beim Wildwasserpaddeln kann man grob in vier Kategorien einteilen:

– Ein Paddler muß in einer Stromschnelle ein Bad nehmen.
– Ein Schwimmer wird von einem Stopper eingefangen.
– Der Kajak sitzt in der Falle, und der Paddler kann ihn nicht befreien.
– Andere – darunter ist das Auskugeln der Schulter am häufigsten.

Ein Schwimmer im Katarakt

Als erstes gilt, der Schwimmer muß zuerst alles tun, um sich selber zu helfen. Man sollte daher in harmlosen

Stromschnellen das Schwimmen üben, damit man auf den Ernstfall vorbereitet ist.

Befolgen Sie dabei in felsigen, flachen Flüssen diese Ratschläge:
- Bleiben Sie bergwärts des Kajaks, wenn das nicht möglich ist, stoßen Sie ihn von sich fort.
- Legen Sie sich auf den Rücken und blicken Sie stromabwärts.
- Schwimmen Sie zum Ufer, indem Sie Beine *und* Arme nutzen.
- Halten Sie die Hüften und die Füße möglichst nahe der Oberfläche.

In tiefen Gewässern mit großen Wellen dagegen gilt:
- Bleiben Sie solange beim Boot, bis Sie sich wieder kräftig genug fühlen.
- Suchen Sie sich eine Sandbank aus, und schwimmen Sie gezielt und gleichmäßig darauf zu.
- Verwenden Sie den Kraulstil, und versuchen Sie, schnell das Ziel zu erreichen.

Erfahrene Kajakfahrer, die so gut wie nie ihr Boot verlassen müssen, sind häufig erstaunlich hilflos, wenn sie dann doch mal ein Bad nehmen müssen. Dabei ist die Wahrscheinlichkeit sehr groß, daß jeder Kajakfahrer im Laufe seines sportlichen Lebens unfreiwillige Bekanntschaft mit dem Wasser machen wird. Deshalb gilt: Bereiten Sie sich darauf vor, im Wildwasser schwimmen zu müssen, gleichgültig wie gut Sie innerhalb des Bootes sind.

Legen Sie sich nicht zurück, um auf Hilfe zu warten – helfen Sie sich selbst!

Sobald Sie einen Helfer mit einem Wurfsack sehen:
- Behalten Sie den Helfer im Auge.
- Spreizen Sie Arme und Beine auf der Wasseroberfläche, damit Sie ein größeres Ziel abgeben.
- Packen sie die Leine mit beiden Händen.
- Ziehen Sie die Leine um Ihre Brust und eine Schulter.
- Drehen Sie sich auf den Rücken und blicken Sie auf Ihre Füße.
- Sollten Sie ein wenig ins Drehen kommen, stabilisieren Sie Ihre Schwimmlage mit den Füßen.
- Lassen Sie sich an Land ziehen.

Auf einem großen wilden Fluß kann man einem Schwimmer nur helfen, wenn man zu ihm hinpaddelt und den Kajak als Rettungsmittel benutzt.

Sobald sie den Schwimmer entdeckt haben:

Fahren Sie mit der ›Seilfähre‹ in seine Richtung.
- Ziel ist es, den Kontakt auf der Bergseite hinter Ihrem Rücken herzustellen.

Oben: Übungsschwimmen in abgesichertem Wildwasser. Halten Sie Ihre Hüften und Füße hoch, blicken Sie flußabwärts. Denken Sie immer daran: Helfen Sie sich zuerst selbst!

Unten: Sollten Sie in einem Wildwasser ›Baden gehen‹, bleiben Sie bergwärts vom Boot, lauert ein Wasserfall talwärts, schwimmen Sie mit aller Kraft davon weg.

- Der Schwimmer soll sich am hinteren Haltegriff festhalten.
- Nach einer kurzen Ruhepause, sollte sich der Schwimmer auf das Achterdeck ziehen.
- Ihr Passagier sollte den Kopf aufs Deck drücken, sich mit den Händen am Cockpitrand festhalten und die Beine weit spreizen.
- Paddeln Sie an Land.

Es ist nützlich, vorher zu entscheiden, wer den Schwimmer birgt, und wer sich um den herrenlosen Kajak kümmert. Der Bergende zieht das Boot ans Ufer oder stößt es mit seinem Boot ans Land. Drehen Sie das Boot um, wenn Sie es schleppen wollen, es hat dann weniger Widerstand.

Es ist schwieriger, einen Schwimmer mit Hilfe des Wurfsacks zu retten, als es sich anhört. Das Problem, ein sich bewegendes Ziel zu treffen, liegt auf der Hand, es gehört viel Übung dazu, um es zu meistern. Eine andere Schwierigkeit liegt darin, daß der Wurfsack während des Flugs leichter wird. Zum anderen kann es einen erheblichen Ruck geben, wenn das Gewicht des Schwimmers in Verbindung mit der Strömung auf die Leine kommt. Bei einer Rettungsaktion in Frankreich zog mich ein Schwimmer vom Ufer mehrere Meter durch die Luft. Ich werde nie seinen Gesichts-

Oben links, oben und links: Spreizen Sie Arme und Beine, wenn Ihnen eine Rettungsleine zugeworfen wird. Sobald Sie die Leine gefaßt haben, nehmen Sie einen Törn um die Brust, dabei können Sie kurzzeitig unter Wasser gezogen werden. Bleiben Sie in der Rückenlage mit Blickrichtung stromabwärts. Kommen Sie wieder hoch, und halten Sie sich fest!

Unten: Ein ›Badegast‹ wird transportiert. Der Passagier hält seinen Kopf tief und spreizt die Beine, um die Stabilität zu erhöhen.

Oben: Der Werfer sollte so stehen, daß er sowohl gut zielen, als auch den Verunglückten sicher an Land ziehen kann.

Oben: Werfen der Leine. Öffnen Sie den Wurfsack, ziehen Sie etwas Leine heraus, signalisieren Sie, dann zielen und werfen Sie!

Oben: Die Leine sollte quer über den Körper des Verunglückten fallen. Es erfordert Übung, ein treibendes Objekt zu treffen!

Oben: Runter! Abstützen! Es ist immer gut, wenn man einen Törn um die Schulter nimmt, das gibt einen sichereren Halt.

ausdruck vergessen, als er sich umdrehte, und ich gerade mit einem sauberen Bauchklatscher auf die Wasseroberfläche aufschlug – das Ende der Leine hatte ich noch immer in der Hand.

Die Wahrscheinlichkeit einer gelungenen Rettung ist am größten, wenn die Stromschnelle abgesichert wird *bevor* die Fahrer starten. Die Wurfsäcke können vorbereitet und die besten Wurfpositionen und Landungsstellen ausgesucht werden. Weniger gute Voraussetzungen sind aber die Regel. Der Paddler fährt ans Ufer, springt aus dem Boot, grabscht nach dem Wurfsack und wirft ihn dem Schwimmer zu – alles innerhalb weniger Sekunden. In solchen Sekunden zählt die Disziplin und das Training am meisten. Halten Sie sich an die folgenden Regeln, wenn Sie einen Wurfsack werfen müssen:

- Öffnen Sie den Sack – nehmen Sie das Ende heraus.
- Machen Sie sich bemerkbar, rufen Sie.
- Zielen Sie.
- Werfen Sie.
- Lassen Sie sich auf den Hintern fallen, und stützen Sie sich mit den Füßen ab.

Versuchen Sie über den Schwimmer hinwegzuzielen, damit die Leine über ihn hinwegfliegt. Es ist nützlich, wenn man das Ende der Leine wegen des besseren Haltes einmal um eine Schulter herumnimmt, trotzdem sollte man sich hinsetzen und sich mit den Füßen abstützen.

Sie müssen das Werfen mit dem Wurfsack unbedingt üben, damit der erste Wurf im Ziel liegt.

Sollten Sie trotzdem den Schwimmer verfehlen:

- Holen Sie die Leine ein, und schließen Sie sie dabei in Buchten auf.
- Laufen Sie am Ufer entlang, Sie müssen den Schwimmer überholen!
- Versuchen Sie eine erhöhte Stelle oder eine ins Wasser herausragende Felsnase zu erreichen, von dort ist es einfacher zu werfen.
- Teilen Sie die Buchten der Leine in zwei Hälften. Eine Hälfte legen Sie neben den Sack, die andere muß klar zum Laufen sein.
- Legen Sie die Buchten auf den Boden, behalten das Ende in der Hand!
- Füllen Sie den Sack mit Wasser.
- Signal – Zielen – Werfen.
- Hinsetzen und abstützen.

Oben links: Zielen Sie so, daß die Leine etwas vor dem Schwimmer landet.

Oben: Ein guter weiter Wurf

Der Schultertörn

Aufteilen der Wurfleine

Werfen mit einem Wassersack

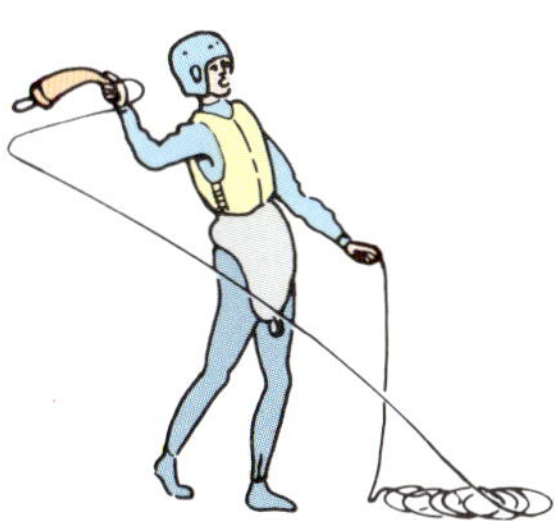

Alle Paddler sollten einen Wurfsack mit 15 m Leine mitführen. Das ergibt ein leicht zu handhabendes Bündel, das man auch gut verstauen kann. Innerhalb von 30 s kann man diese Länge wieder zum Werfen vorbereiten. Auf breiten Flüssen ist es nicht schlecht, wenn einer der Mitfahrer einen Wurfsack mit 25 m Leine dabei hat. Bei einigen Rettungsaktionen kann das sehr hilfreich sein, aber die Länge der Leine erfordert mehr Zeit und Können bei der Handhabung.

Ihr persönlicher Wurfsack ist ein Ausrüstungstück, mit dem Sie sich auf das engste befreunden müssen. Benutzen Sie ihn so oft es geht. Behandeln Sie ihn nicht wie einen ungeliebten Freund, der erst im Notfall wichtig wird. Sie müssen seine Eigenschaften kennen, alle Knoten, die bei seiner Benutzung wichtig werden könnten, im Schlaf beherrschen. Hängen Sie Ihre nasse Wäsche an der Leine auf, und schämen Sie sich dessen nicht.

Ein Schwimmer im Stopper

Wenn ein Schwimmer im Stopper festhängt, dann ist die Situation wirklich ernst. Der Schwimmer ist außerhalb der Reichweite und das Risiko der Helfer ist groß. Die machtvolle Walze zieht den Schwimmer mit dem Rückstaueffekt immer wieder in ihre Macht. Das mit Luft angereicherte Wasser liefert wenig Auftrieb, so daß es schwer wird, den Kopf über der Oberfläche zu halten. Je mehr Auftrieb die Schwimmhilfe liefert, desto besser

Unterbringung des Wurfsacks

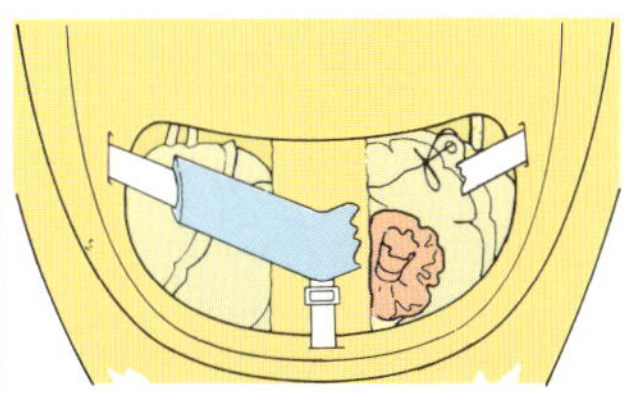

Hinter dem Sitz wird der Wurfsack durch den Luftsack am Platz gehalten und ist leicht erreichbar.

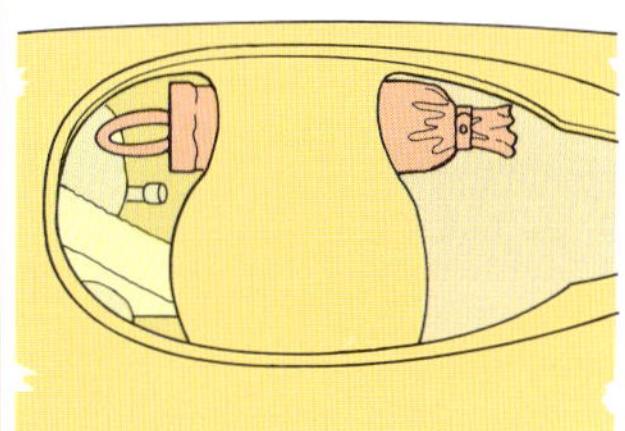

Viele Boote haben seitlich unter dem Sitz einen Platz, wo der Wurfsack perfekt hineinpaßt.

Einige Paddler tragen den Wurfsack in einer Tasche an der Schwimmhilfe. Das ist sicherlich ziemlich praktisch, aber für den Bewegungsablauf des Paddlers hinderlich.

sind die Chancen, einen Atemzug zu ergattern.

Wenn Sie in einem starken Stopper kentern sollten, beachten Sie folgendes:

– Versuchen Sie Ihr Boot festzuhalten – es erleichtert Ihnen das Luftholen und markiert Ihre Position für die Retter.

Wenn keine Hilfe kommt:

– Schwimmen Sie zur Verschneidung.

– Das von der Wehrkrone herunterschießende Wasser wird Sie herunterdrücken – der starke Unterwasserstrom wird Sie herausspülen.

Das ist eine beängstigende Vorstellung, aber wenn keine Hilfe greifbar ist, die einzige Möglichkeit herauszukommen. Der häufig gehörte Rat: ›Schwimm nach unten!‹ ist nicht ganz korrekt, denn wenn man nicht dicht an der Verschneidung ist, könnten Sie gegen das aufquellende Wasser im Rücklaufbereich anzuschwimmen versuchen.

Es wurde auch empfohlen die Schwimmhilfe abzulegen, weil dies dem Schwimmer ein Entkommen erleichtern würde. Diesem Rat kann ich nur energisch widersprechen, denn meines Wissens nach ist noch niemand deshalb ertrunken, weil er eine Schwimmhilfe oder eine Schwimmweste getragen hat.

Der zusätzliche Auftrieb, der von der Schwimmhilfe vermittelt wird, ist bitter nötig, damit man tief einatmen kann, bevor man abtaucht. Kommt man dann wieder an die Oberfläche, wird man froh sein, daß man getragen wird und nicht sofort schwimmen muß.

Ein Schwimmer schwimmt gefangen im Rückstau eines tiefen Stoppers. Der Kajak hilft ihm an der Oberfläche zu bleiben und markiert seine Position für die Retter.

Treibenlassen eines Bootes

Dafür sollte nur ein Kajak mit maximalem eingebauten Auftrieb benutzt werden. Das Heranbringen von der Talseite ist schwieriger, verringert aber das Verletzungsrisiko. Eine zweite Leine, die zum anderen Ufer führt, erleichtert das Positionieren.

Wurfleinen

Entweder kann man eine Leine über den Fluß werfen, oder durch einen Paddler hinüberbringen lassen. Die Leinen werden verbunden und dann zum Verunglückten gefiert.

Um jemanden aus einer Walze zu befreien, müssen alle in einem Team zusammenarbeiten.

– Bringen Sie eine Leine zum Schwimmer.

– Sichern Sie das Unterwasser ab, falls er herausgespült wird. Setzen Sie dafür einen guten Paddler ein, der sich aber vom Rücklaufbereich freihalten soll.

Bei der Benutzung von Wurfsäcken:

– Lassen Sie mehrere Säcke klar machen.

– Rufen – Zielen – Werfen.

– Sollte der Schwimmer Schwierigkeiten haben, die Leine zu erkennen,

binden Sie einen Auftriebskörper ans Ende.

Sollte dieser einfache und schnelle Rettungsversuch scheitern, vielleicht weil die Entfernung für einen Wurfsack zu groß ist, das Ufer nicht zugänglich ist, oder der Schwimmer die Leine nicht sieht, gibt es andere Möglichkeiten.

– Schwimmen Sie ein Boot an einer Leine ein. Das ist natürlich vom Oberwasser aus am einfachsten, birgt aber für den Schwimmer Gefahren.

– Benutzen Sie einen Kajak mit Luftsäcken und Sicherheitsleinen. Sollte die Zeit ausreichen, bringen Sie die Spritzdecke auf und befestigen Sie sie.

Es gibt viele Flüsse, auf denen der folgende Trick gut funktioniert: Man verbindet zwei Wurfleinen miteinander, und auf jedem Ufer zieht ein Mann die Leine in die Walze. Ist zusätzlicher Auftrieb erforderlich, kann man eine Schwimmhilfe in der Mitte befestigen.

Die großen Vorteile dieses Verfahrens liegen darin, daß es für die Retter risikolos ist; die Leine kann exakt positioniert werden; der Schwimmer kann wahlweise auf jede Flußseite gezogen werden. Nachteilig ist, daß es einiger Vorbereitungen bedarf, außerdem funktioniert es an Bogenwalzen nicht.

Ist die Entfernung zu groß, um die Leine hinüberwerfen zu können, muß sie mit einem Kajak transferiert werden. Ein Retter führt sie von einem erhöhten Standort aus mit, möglichst so, daß sie nicht ins Wasser taucht.

Eine weitere Methode ist es, einen Kajak am Handgriff mit einer Leine zu versehen und ihm zum Schwimmer paddeln zu lassen. Vorteilhaft ist, daß der Kajak sehr exakt in Position gebracht werden kann, andererseits benötigen die Vorbereitungen einige Zeit

Der Schwimmer ist im Rückstau des Stoppers gefangen.

und es besteht ein Risiko für den Paddler. Der Paddler muß ein Zeichen geben, wenn er zurückgezogen werden kann.

Das System, bei dem zwei Boote verwendet werden, kann nur bei kleinen Walzen in Anwendung kommen. Das Talboot ist mit dem Rettungsboot mittels einer Leine verbunden, damit wird es an die Walze gebracht. Sobald der Schwimmer das Boot ergriffen hat, werden beide Boote vom Stopper weggepaddelt.

Rettungsmanöver an Walzen können niemals gefahrlos simuliert werden, bestenfalls kann man große Kunststoffässer als ›Schwimmer‹ verwenden, an denen man das Positionieren von Leinen übt. Es ist aber hilfreich, wenn gemeinsam über mögliche Hilfsmaßnahmen gesprochen wird, sobald man auf einen widerlichen Stopper stößt, den man nicht befahren möchte. Es schärft das Problembewußtsein und kann sich beim nächsten Ernstfall bezahlt machen.

In der Falle

Es kommt leider recht häufig vor, daß ein Kajak an Hindernissen unter Wasser oder darüber hängen bleibt. Ganz überwiegend laufen die Paddler in diese ›Fallen‹ nicht in den schwierigsten Teilen einer Wildwasserstrecke sondern in den leichten bis mittelschweren Teilen. Das könnte zum einen darauf zurückzuführen sein, daß in diesem Bereich mehr Paddler unterwegs sind, zum anderen scheinen weniger erfahrene Kanuten diese Fallen in sogenannten ›leichten‹ Gewässern zu unterschätzen.

Auf schwierigen Gewässern stellen die Paddler gewöhnlich an gefährlichen Stellen Sicherungsposten auf. Dieser Schutzschirm und auch das nötige Material fehlt häufig an sogenannten leichten Strecken, daher kann es dort lange dauern, bis eine Rettung organisiert und durchgeführt werden kann. Die Konsequenzen für einen Paddler, dessen Kopf unter Wasser gedrückt wird, liegen auf der Hand.

Einige Kajaktypen sind von der Bauart her dafür prädestiniert, in Fallen hängen zu bleiben. Die folgenden Punkte zeigen auf, wie man sein Boot dagegen etwas etwas weniger anfällig machen kann:

1. Breite, abgerundete Enden, die viel Auftrieb liefern und nicht leicht an Hindernissen hängen bleiben.
2. Viel Volumen – schwimmt dadurch hoch auf und bietet dem Wasser runde Konturen.
3. Hartes Rumpfmaterial – die harte Oberfläche bricht nicht so schnell an Felsbrocken ein, außerdem rutscht das Boot von Hindernissen ab.
4. Viel eingebauter Auftrieb – sollte das Boot vollaufen, wird es auch dann noch hoch aufschwimmen, und ein großer Teil der Gewalt des Flusses geht unter dem Rumpf hindurch.
5. Sicherheitscockpit.

Die drei Möglichkeiten, wie sich ein Kajak festfahren kann, wird in den Abbildungen dargestellt.

An flachen Wehren und Katarakten kann man sich mit dem Bug festfahren, wenn man unter einem Hindernis hängenbleibt. Durch Drücken und Ziehen kann man das Boot oft freibekommen. Allerdings kann das überströmende Wasser das Boot förmlich

Kajak an einer Sicherheitsleine

Der Vorteil dieser Methode liegt darin, daß der Kajak durch den Paddler exakt in Position gebracht werden kann, sie ist aber nicht ungefährlich. Auf ein vereinbartes Signal hin, muß der Kajak zurückgezogen werden.

Schleppverfahren

Dieses Verfahren ist extrem gefährlich für die Paddler. Der Bug des talwärtigen Kajaks zeigt stromabwärts, der Paddler wartet auf das Zeichen zum Abschleppen.

an der Unfallstelle ›festkleben‹ lassen. Der Wasserdruck, der auf den Rücken des Paddlers wirkt, verhindert ein Aussteigen. Ein Querschlagen führt häufig zu einem Durchbrechen des Kajaks. Normalerweise wird das Cockpit bergwärts zeigen, folglich wird das Boot schnell vollaufen.

Sollten Sie einmal in die Lage kommen, jemandem helfen zu müssen, der in einer ›Falle‹ steckt, beachten Sie die folgenden Punkte:

1. Kann der Verunglückte atmen? Entweder ist der Kopf deutlich über der Oberfläche oder der Verunglückte kann in einer Luftblase atmen, die sich über seinem Kopf bildet, obwohl er scheinbar unter Wasser ist. Bekommt der Paddler keine Luft, ist es vordringlich, seinen Kopf über Wasser zu bekommen, ist dies nicht möglich, muß das Boot in Bewegung gebracht werden.

2. Stabilisierung
Bringe den Paddler und/oder den Kajak in eine sichere Lage, damit kein Absinken oder Überrollen mehr möglich ist. Ein Tampen um die Brust kann hilfreich sein.

3. Befreiung des Paddlers
Planen Sie schnell. Schneiden Sie den Verunglückten aus dem Boot, oder schieben Sie das Boot frei. Solange der Paddler atmen kann, haben Sie etwas mehr Zeit, um sich einen guten Plan einfallen zu lassen.

Wenn sich der Paddler nicht selber aus dem Boot befreien kann, wird es extrem schwierig werden, ihn aus dem Boot zu ziehen. Die Arme und Hände sind glitschig, die Bekleidung neigt dazu, vom Körper abzurutschen. Sollte der Paddler einen Brustgurt tragen, ist es sinnvoll, dahin zu fassen. Um den Verunglückten zu befreien, sollte man das Boot vor dem Cockpit aufschlagen oder aufschneiden. Bei einem Polyäthylenkajak wird man dazu eine Säge benötigen.

Sobald man eine Leine am Boot befestigt hat, muß man sich überlegen, in welchem Winkel man den Kajak am leichtesten freiziehen kann. Hat sich das Boot quer verkantet, wird man es wohl nur schräg zum Strom freibekommen. Kann allerdings schnell eine vertikale Hievmöglichkeit installiert werden, ist diese Möglichkeit vorzuziehen. Ideal kann man damit an Brücken arbeiten. Ein Helfer wird hinabgefiert, um den Kopf des Verunglückten aus dem Wasser zu

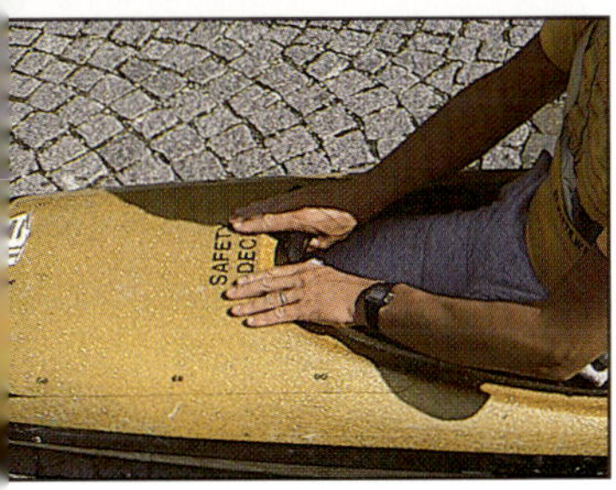

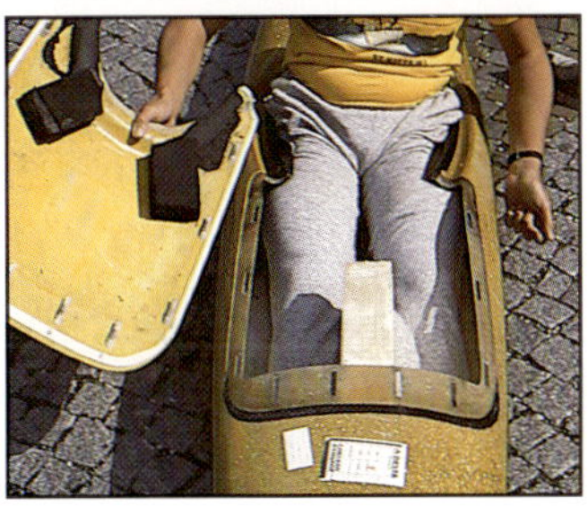

halten und den Heißstropp zu befestigen. Der Paddler kann meistens mit einer separaten Leine befreit werden.

Machen Sie sich klar, welch enorme Kräfte jeder reißende Fluß auf einen eingeklemmten Kajak ausübt. Sie können jedes nur denkbare Hilfsmittel gebrauchen, besonders wenn Sie alleine handeln müssen. Kräfte von etwa 400 kp sind gemessen worden, wenn ein vollgelaufener Kajak freigehievt wurde. Mit einem Törn um den Oberkörper, rutschfestem Schuhwerk und gutem Untergrund kann man etwa 120 % des eigenen Körpergewichts ziehen. Kann man rechtwinklig zu einer straff gespannten Leine ziehen, hat man die Gesetze der Mechanik auf seiner Seite.

Besonders günstig ist es natürlich, wenn man eine Talje scheren kann. Dafür benötigt man nur zwei Karabinerhaken und einen festen Punkt an Land, damit kann man seine Kraft verdreifachen, d. h. eine Person von durchschnittlichem Körpergewicht kann dann etwa eine Kraft von 170 kp aufbringen. Natürlich geht einiges an Kraft bei den Reibungswiderständen im System verloren, dies kann durch die Verwendung von leichten Blöcken weitgehend vermieden werden.

Oben links: Ein vollgelaufener Kajak, der über zusätzliche Luftsäcke verfügt. Bei diesem Versuch mußte das Boot am Block festgezurrt werden, damit es in Position blieb.

Links: Ohne Luftsäcke wurde derselbe Kajak überspült und war am Felsen ›festgeklebt‹.

Ganz links: Ein aufklappbares Sicherheitscockpit, auch dieses System erleichtert das Aussteigen.

Links: Der Decksbereich klappt auf, wenn man die Klappe nach vorne schiebt. Das System wurde in den USA für GFK-Boote entwickelt.

Kajaks in der Falle

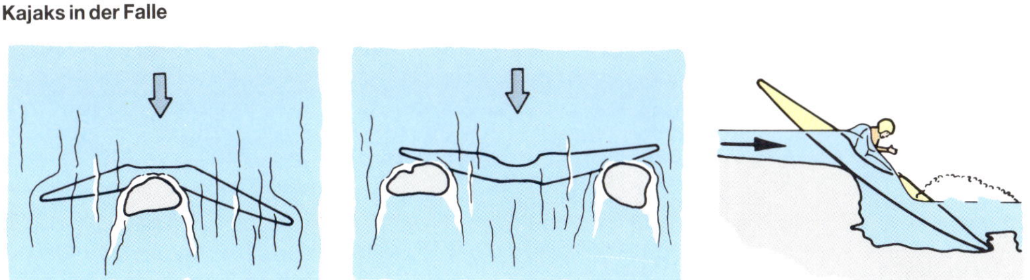

Senkrechte Falle

Bekommt man eine Leine unter die Arme des Paddlers wird ihm das helfen; allerdings wird es kritisch, sobald die Leine am Hals landet.

Befreiung mit zwei Leinen.

Der Kajak wird zuerst mit der oberen Leine aus den Klauen des Stroms befreit, danach holt ihn die untere Leine an Land.

Vektorzug

Ein tolles System. Holen Sie die Leine durch, dann fallen Sie, möglichst weit in der Mitte, senkrecht zur Leine ein. Falls nötig, bringen Sie eine zweite Leine aus.

Rechts: Die holende Part wird über einen Karabinerhaken umgelenkt, der an einem Baum befestigt ist.

Unten: Ein Retter wird von einer Brücke abgeseilt. Er kann eine Leine mitnehmen, den Kopf des Verunglückten hochhalten, vielleicht sogar das Boot soweit aufschneiden, daß die Beine des Verunglückten freikommen. Der Retter und der Verunglückte werden mit einer Talje geborgen – dafür benötigt man viel Leine.

ORGANISATION DER RETTUNG

Sind Sie der einzige Helfer, geht Ihre persönliche Sicherheit vor! Falls Sie keine anderen Helfer mehr alarmieren können (wenn es denn so weit kommt!), wird die Suchaktion unter Umständen mehrere Tage dauern. Sind mehrere Kameraden am Ort, kann man verschiedene Rettungsaktionen gleichzeitig anlaufen lassen. Solange man sich dabei nicht gegenseitig in die Quere kommt, ist das eine gute Strategie, besonders wenn es wirklich um Leben und Tod geht. Als Beispiel wollen wir uns vorstellen, ein Kajak wäre vertikal eingeklemmt. Eine Gruppe kann sich darauf konzentrieren, den Paddler zu befreien, während die zweite die Talje vorbereitet, um das Boot aufzuhieven.

Grundsätzlich gelten die folgenden Regeln:

1. Denken!
2. Handeln!

AUSGEKUGELTES SCHULTERGELENK

Diese Verletzung tritt ziemlich häufig auf, z. B. wenn der Paddler in einem Stopper arbeitet und plötzlich kentert. Das Paddel kann dann auf den Grund auftreffen, oder der Impuls der Kenterung drückt dann das Schultergelenk aus der Lage.

Ein Kajak wird mit dem Vektorzug befreit.

Herstellung eines Flaschenzugs (Talje)

Bringen Sie eine Leine auf den ›eingefangenen‹ Kajak. Befestigen Sie eine Tauschlinge an einem Baum, haken Sie einen Karabinerhaken ein.

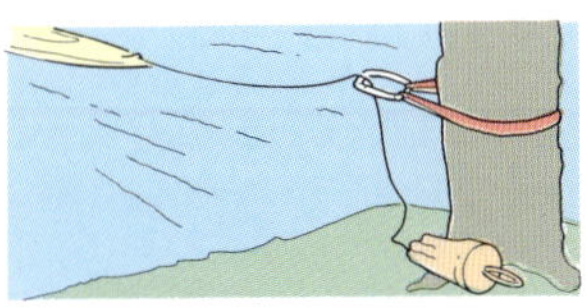

Führen Sie die Leine durch den Haken.

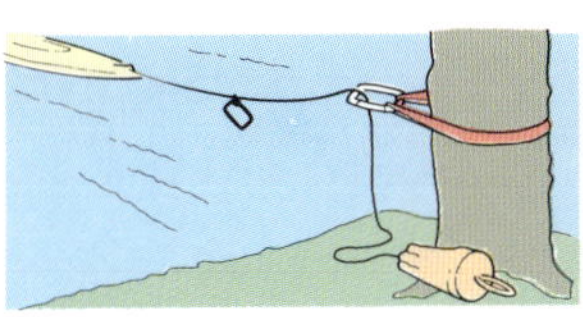

Befestigen Sie einen zweiten Karabinerhaken am Tampen.

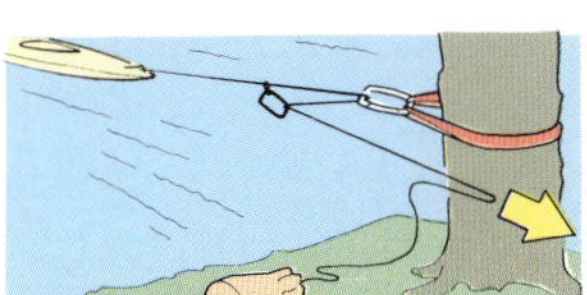

Klicken Sie die Leine auch in diesem Haken ein – jetzt können Sie ziehen.

Die Verletzung ist immer sehr schmerzhaft und macht ein weiteres Paddeln unmöglich. Der Arm muß ruhig gestellt werden, jeder Paddler sollte die richtige Behandlung aus seinem Erste-Hilfe-Unterricht kennen.

BESONDERE SICHERHEITSAUSRÜSTUNG

Sicherheitsgurt

Der Sicherheitsgurt ermöglicht es dem Retter, eine feste Verbindung herzustellen. Man unterscheidet zwei Systeme:

1. Einfache Sicherheitsgurte.

2. Integrierte Gurte mit Schwimmwesten.

Einfache Sicherheitsgurte können zwischen verschiedenen Personen ausgetauscht werden, ohne daß man die Schwimmhilfe ablegen muß. Das ist der einzige Vorteil! Integrierte Sicherheitsgurte sind stabiler und komfortabler, außerdem halten sie die Schwimmhilfe dicht am Körper.

An einem Befestigungspunkt unterhalb der Schulterblätter kann eine Leine eingepickt werden. Schwimmt man an der Leine im Wasser, nimmt man automatisch die Rückenlage ein, Arme und Beine sind entspannt. Sogar in starker Strömung wird man ausreichend Luft bekommen. Der Sicherheitsgurt hat eine Schnellauslösung, mit der man sich von der Leine abkoppeln kann. Der Brustgurt sollte *immer* benutzt werden, wenn man mit einer Leine im Fluß arbeiten muß, aber auch wenn man am Ufer als Retter tätig ist und große Belastungen auftreten.

Schleppsysteme

In engen, flachen Gewässern wird man einen Kajak nicht schleppen können, weil die zahlreichen scharfkantigen Felsen die Schleppleine durchscheuern. Auf breiten Flüssen kann das Abschleppen der einfachste Weg sein, einen ›abgesoffenen‹ Kajak oder einen Paddler an das Ufer zu bringen. Keine Schleppmethode ist völlig sicher, und das Abschleppen sollte nur an einem Ende eines Katarakts durchgeführt werden.

Der Paddler kann die Schleppleine entweder am Boot oder am Körper befestigen. Schleppleinen am Körper müssen eine Schnellauslösung haben, die leicht betätigt werden kann. Das System hat sich recht gut in flachen Gewässern bewährt, wo man mit langen Schleppleinen arbeiten kann. Im Wildwasser ist es gefährlich, weil die Gefahr besteht, mit der Schleppleine hängen zu bleiben und dann selber in der Falle zu sitzen. Der Druck auf den Körper des Paddlers kann lebensgefährlich groß werden. Weil

Schulterverletzung

Bei einer Stütze ist es leicht möglich, daß Sie sich den Arm auskugeln. Stellen Sie den Arm mit einem Dreieckstuch ruhig.

dieses Verfahren systembedingt nicht unbedingt lebensrettend ist, muß man sehr vorsichtig abwägen, ob man es anwendet. Beispielsweise kann es vorkommen, daß man den Auslösemechanismus nicht oder nicht rechtzeitig betätigen kann.

Schleppeinrichtungen am Kajak müssen gut unterfüttert angebracht sein und über eine Schnellauslösung verfügen. Alle notwendigen Handgriffe müssen auch mit klammen Fingern ausgeführt werden können. Vergessen Sie nicht, den vollgelaufenen Kajak umzudrehen, damit der Schleppwiderstand verringert wird.

Paddelhaken

Dieses einfache Hilfsmittel macht aus dem Kajakpaddel ein nützliches Werkzeug, das gerade bei Rettungsaktionen aus Fallen vielseitig eingesetzt werden kann. Es erhöht Ihre Reichweite auf ca. 2 m, so kann man beispielsweise eine Leine übergeben, was auf andere Weise nicht möglich gewesen wäre. Es sind mehrere verschiedene Ausführungen dieser Paddelhaken auf dem Markt. Ich ziehe das leichte, einfach konstruierte Modell vor, das am Paddelblatt befestigt wird. Peter Reithmaier aus Österreich hat eine einfache Vorrichtung entwikkelt, mit der man zwei Paddel verbinden kann, damit wird die Reichweite nochmals deutlich erhöht.

Oben: Diese Schwimmhilfe verfügt über einen integrierten Rettungsgurt mit Schnellauslösung.

Oben: Dieselbe Weste von hinten, man sieht jetzt deutlich das Sicherungsseil.

Es gibt viele Hilfsmöglichkeiten, aber alle sollten einfach zu bedienen sein und wenig Gewicht aufweisen.

Hüftgurt

Darunter versteht man eine etwa 2,4 m lange Leine aus Nylon, die auf verschiedene Weise angelegt werden

Unten: Ein Retter wird an seinem Rettungsgurt in den Strom gefiert. Er blickt talwärts. Mit dieser Sicherung kann der Retter relativ sicher an ein gestrandetes Boot gelangen.

Paddelhaken

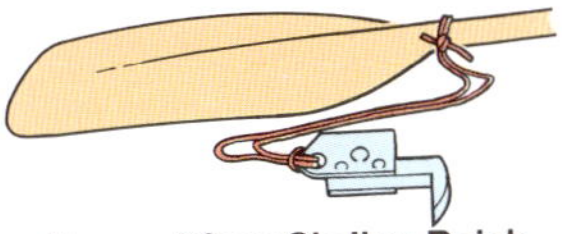

Damit vergrößern Sie Ihre Reichweite.

Verbindung der Paddel

Wenn Sie zwei Paddel verbinden, erhöht sich die Reichweite bei Rettungsaktionen erheblich.

Blöcke

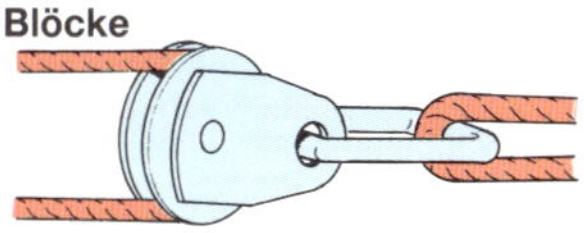

Blöcke vermindern die Reibung in einer Talje erheblich.

kann. Die nützlichen Anwendungsmöglichkeiten sind vielfältig, sie reichen von Rettungsaktionen bis zu allgemeinen Aktivitäten. Man kann schnell eine Führungsleine anschlagen oder eine Hievmöglichkeit installieren. Eine recht praktische Möglichkeit den Gurt zu tragen besteht darin, ihn mit einem Überhandknoten zu kürzen und ihn dann mit dem Karabinerhaken zu befestigen. Bergsteigergurte sind zwar enorm haltbar, gehen aber unter, wenn Sie ins Wasser fallen, Polypropylentauwerk ist schwächer, aber es schwimmt. Allerdings sollte man immer daran denken, daß jeder Gurt auf Grund geht, wenn er mit einem schweren Karabinerhaken belastet ist.

Blöcke

Blöcke vermindern die Reibung eines Taus, das durch einen Karabinerhaken gezogen wird. Sie sind klein, leicht, hochbelastbar und praktisch wartungsfrei. Es gibt viele Reviere, wo man nie in die Verlegenheit kommen wird, eine Talje scheren zu müssen. Aber auf Flüssen, wo man mit Klemm- oder Steckunfällen rechnen muß, sollte man überlegen, ob man Blöcke mitführen soll.

Säge

Eine kleine zusammenfaltbare Säge kann ziemlich leicht Glasfaserrümpfe oder Polyäthylen zerteilen. Die Zähne sollten so angeordnet sein, daß man sowohl beim Drücken als auch beim Ziehen eine Wirkung erzielt. Wenn man beide Hände einsetzen kann, ist ein Schnitt von ca. 45 cm in ungefähr 30 s möglich. Kajaks, die Festschaumblöcke im Vorschiff haben, sägt man am leichtesten neben dem Schaumstoff auf.

AUF FLUSSFAHRT

Führung

Gute Führung ist eine wesentlicher Sicherheitsfaktor beim Wildwasserfahren. Auch eine Gruppe gleich guter, erfahrener Paddler wird erfolgreicher und sicherer operieren, wenn sie von einem guten Anführer geleitet wird. Der Anführer muß nicht ständig alles anordnen, er kann auch die Ansichten der anderen zusammenfassen und einen gemeinsamen Entschluß herbeiführen. Natürlich muß er die starken und schwachen Paddler kennen und entsprechend einteilen. Der Anführer wird auch körperlich gefordert, denn häufig wird er auf Katarakten den ›Vorreiter‹ machen müssen. Das ist schwierig, weil er die beste Route auswählen muß und dabei nur so schnell fahren darf, daß ihn die folgenden Paddler nicht aus den Augen verlieren. Zu viele Paddler zur gleichen Zeit

Anwendungen für Törns

Rundtörn um die Hüfte

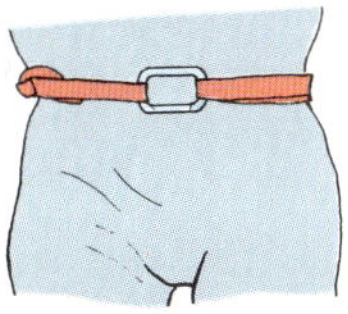

Lasching zum Abseilen

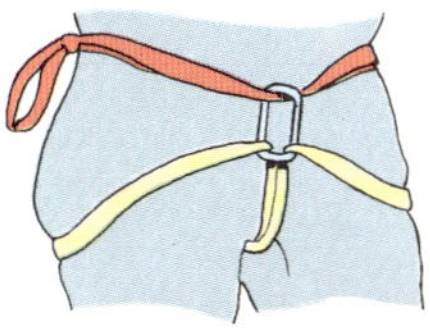

Festmachertörn

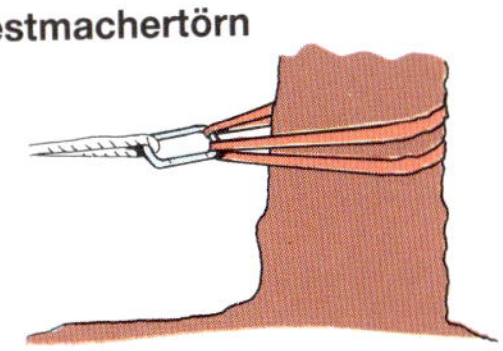

Kajakschlinge

Schleppschlinge

Zugschlinge beim Landtransport

Verlängerung bei ›abgesoffenen‹ Booten

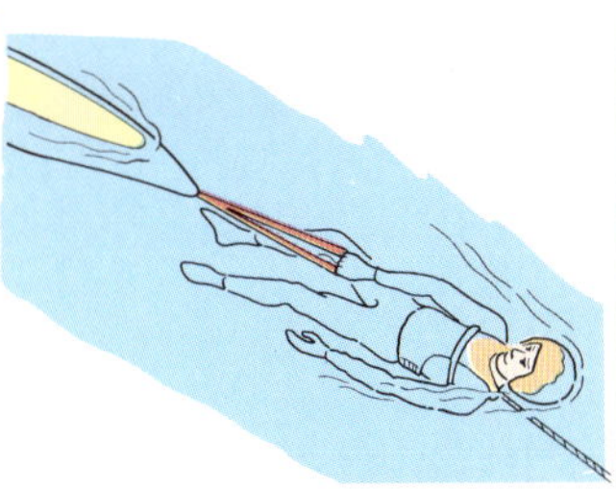

im Wildwasser sind gefährlich, deshalb sollte die Gruppe nicht mehr als vier Boote umfassen. Die Paddler übernehmen dann auch schneller Verantwortung füreinander. Sie lernen es, schnell abwechselnd den Spitzenplatz zu übernehmen und ständig auch ein Auge auf die Kameraden zu haben.

Der letzte Mann

Der letzte Paddler sollte immer ein sehr erfahrener Mann sein, weil er sich die meiste Zeit nicht im Blickfeld der anderen befindet. Kommt er in Schwierigkeiten, wird erhebliche Zeit vergehen, bis Hilfe zur Stelle ist. Er muß einen großen Teil der Sicherheitsausrüstung mitführen und technisch in der Lage sein, noch ein Plätzchen in dem Stauwasser zu ergattern, in dem der Rest der Gruppe auf ihn wartet.

Handzeichen

Die Verständigung zwischen den Paddlern ist oft nicht leicht, weil die Boote einen Sicherheitsabstand einhalten müssen und der Geräuschpegel auf dem Wildwasser erheblich ist. Einfache Informationen können mittels Handzeichen ausgetauscht werden, über deren Bedeutung man sich vorher geeinigt haben muß. Die Signale sollten sich nur um Sicherheitsbelange drehen und nicht zu zahlreich sein. Was ausgedrückt werden soll, muß von vorne und hinten deutlich erkennbar sein, denn der Anführer will sicher häufig Hinweise übermitteln, ohne daß er sich umdrehen kann.

– *Benutzen* Sie die Signale so oft wie möglich, damit sie Ihnen in Fleisch und Blut eingegangen sind, wenn Sie sie in schwierigen Gewässern wirklich benötigen.
– Überzeugen Sie sich, daß die Streckenposten das System kennen.
– Geben Sie das Signal nach hinten weiter.
– Im Zweifelsfall sollten Sie in ein Stillwasser einfahren.

Streckensicherung

Die Absicherung der Strecke besteht aus der Gesamtheit aller Maßnahmen, die vorher ergriffen werden, um die Sicherheit zu erhöhen. Das kann ein einziger Mitpaddler sein, oder aber auch eine Vielzahl von Menschen, deren Aufgabe einzig in der Streckensicherung liegt.

Die Beteiligten müssen entweder erfahrene Kajakfahrer sein oder sorgfältig eingewiesen werden. Dabei sind die folgenden Punkte zu beachten:

– Die wichtigsten Gefahren müssen besprochen werden.
– Wo werden die kritischen Punkte sein, und welche Konsequenzen werden sie für die Paddler haben.
– Was ist dann zu tun.
– Welche Hilfsmittel sollen benutzt werden, wie haben sich die Streckenposten zu sichern.
– Die Aufstellung entlang der gesamten Strecke muß klar sein.

Erst auf entsprechende Zeichen der Helfer hin, sollten die Paddler nach und nach in das Wildwasser einfahren. Jedes Mitglied des Streckenpersonals sollte folgendermaßen ausgerüstet sein: Helm, Schwimmhilfe, Wurfsack, Karabinerhaken, Messer. Ist damit zu rechnen, daß sie auch mal ins Wasser müssen, zusätzlich mit einem Neoprenanzug. Befreundete Paddler sind gute Sicherungskräfte, weil sie die Gefahren genau kennen, gut ausgerüstet sind und ein gewachsenes Verständnis für die Probleme haben.

IM FALLE; DASS...

Der Schlüssel zum richtigen Sicherheitsbewußtsein liegt darin, daß man erlittene Erfahrungen in die Zukunft projizieren kann. Sie müssen lernen, sich ständig zu fragen: ›Im Falle, daß dieses oder jenes Ereignis eintritt, was ist zu tun?‹ Sollten Sie zum Führer bestimmt worden sein, müssen Sie darin ein Experte sein, denn Sie müssen dann ständig über mögliche Unfälle und Rettungsmaßnahmen nachdenken. Natürlich wird sich dann besonders viel in Ihrem Kopf abspielen, wenn Sie den Katarakt landseitig begehen. Gute Führer finden die Schwierigkeiten auf Grund ihrer langen Erfahrung instinktiv heraus. Viele sagen, daß das eine gute Sache ist, einige wenige halten dagegen, daß man nicht mehr locker genug ist, wenn man Grenzen ziehen muß. Eins steht fest: Dadurch, daß man eine Gefahr ignoriert, verschwindet sie nicht!

EINZELFAHRTEN

Sobald Sie allein auf Wildwasser paddeln, nehmen Sie das größtmögliche Risiko in Kauf. Sie sollten deshalb Ihre Motive vor dem Start nochmals sorgsam durchdenken. Der größte Vorteil, der sich wie bei anderen gefährlichen Sportarten (Bergsteigen, Freiklettern) ergibt, ist der: Man kommt schneller vorwärts, weil man auf keinen Kumpel warten muß, der beispielsweise erst wieder seine Sicherungsleine einholen und umstecken muß. Beim Kajakfahren im Wildwasser wird dieser Vorteil weitgehend dadurch aufgezehrt, weil man jeden Erkundungsgang, jede Vorbereitung alleine durchführen muß und dabei viel Kraft verbraucht.

Der Vorteil liegt letztlich nur in den Gefühlen, ›im Bauch‹ des Paddlers begründet. Er muß sich noch mehr konzentrieren, er muß ständig alles im Griff haben – dafür hat er am Ende die Befriedigung, alles aus eigener Kraft geschafft zu haben. Das Solopaddeln bleibt selbst in Gewässern, die normalerweise gut innerhalb Ihres Könnens liegen, eine gefährliche Angelegenheit, trotzdem halten es viele Kajakfahrer für eine besondere Erfahrung des Wildwasserfahrens.

UMGANG MIT ERTRUNKENEN

Jeder hat die Pflicht, sich mit dem Problem des Ertrinkens zu befassen. Man muß sich ganz ehrlich fragen: ›Weiß ich wirklich, was im Ernstfall zu machen ist?‹ Wenn man sich diese Frage stellt, hat man schon einen wichtigen Schritt gemacht.

Grundlagen des Kreislaufs

Für die lebenswichtigen Abläufe in unserem Körper benötigen wir Sauerstoff. Durch das Atmen bringen wir sauerstoffreiche Luft in unsere Lungen. In der Lunge wird ein Teil dieses Sauerstoffs von den Blutkörperchen aufgenommen. Wie Sie wissen, ist das Herz die Versorgungspumpe für zwei verschiedene Kreisläufe. In dem einen Kreislauf wird Blut vom Herzen durch die Lunge gepumpt, um Sauerstoff anzuliefern, im zweiten wird dann dieser Sauerstoff weiter im Körper verteilt. Das Gehirn reagiert z. B. außerordentlich empfindlich auf eine Verminderung der Sauerstoffversorgung.

Ein einfaches Signalsystem

Eine gut ausgerüstete Hilfsmannschaft unterstützt einen vertikal festgefahrenen Kajak.

Ertrinken

Beim Ertrinken wird die Sauerstoffversorgung unterbrochen und nach etwa vier bis fünf Minuten können irreparable Gehirnschäden eintreten. Der Atmungsprozeß wird vom Gehirn gesteuert, folglich versagt dann die Atmung. Da das Herz nicht direkt vom Gehirn gesteuert wird, kann es noch eine gewisse Zeit weiter schlagen, bis es dann wegen des Sauerstoffmangels ebenfalls seine Arbeit einstellt.

Im ersten Stadium des Ertrinkens schluckt die betroffene Person viel Wasser, dies löst einen Muskelreflex aus, der verhindern soll, daß Wasser in die Luftröhre gelangt; das Ergebnis ist Bewußtlosigkeit. Man nennt dies landläufig auch trockenes Ertrinken. Dringt Wasser in die Lungen ein, ist dies auf ein Versagen oder Nachlassen des besagten Laryngospasmusreflexes zurückzuführen, das daraus resultierende *nasse Ertrinken* wird nicht so häufig beobachtet.

KÄLTE

Das plötzliche Eintauchen in kaltes Wasser kann einen anderen Automatismus des Körpers auslösen. Dieser Reflex verlangsamt den Herzschlag drastisch und damit natürlich die Blutzirkulation, der Körper muß mit einem Minimum an Sauerstoff auskommen. Der Puls ist kaum noch zu finden, die Atmung ist flach, die Lebenszeichen sind schwach. Opfer in diesem Stadium der Unterkühlung waren bis zu 38 min im Wasser und sind erfolgreich wiederbelebt worden. Der oben beschriebene Reflex tritt nicht immer auf, aber man muß immer mit ihm rechnen. Sobald man es mit einer bewußtlosen Person zu tun hat, sollte man die folgende Routine durchgehen:

– Atmung kontrollieren

Versuchen Sie Atmung an Ihren Lippen oder Ihrer Wange festzustellen.

Bei einem Menschen, der nicht mehr atmet, verfärbt sich die Farbe der Gesichtshaut und der Lippen ins Blaugraue.

– Keine Atmung mehr

Sofort Wiederbelebungsmaßnahmen einleiten!

– Puls kontrollieren

Legen Sie zwei Finger neben den Kehlkopf, und versuchen Sie den Pulsschlag zu erfühlen.

– Kein Puls fühlbar

Beginnen Sie sofort mit der Herzmassage!

Wiederbelebungsmaßnahmen

– Säubern Sie die Atemwege

– Prüfen Sie die Atmung
– Kontrollieren Sie den Kreislauf
Jedes Hindernis in den Luftwegen, sei es im Mund, der Kehle oder in der Luftröhre erfordert sofortige künstliche Beatmung.
– Lösen Sie den Kinnriemen des Helms.
– Öffnen Sie den engen Kragen der Bekleidung.
– Entfernen Sie Erbrochenes mit den Fingern aus der Mundhöhle.
– Drücken Sie den Kopf nach hinten und heben Sie das Kinn an.

In vielen Fällen wird alleine dadurch die Atmung wieder spontan einsetzen. Sollte das nicht der Fall sein, müssen Sie die Mund-zu-Mund-Beatmung durchführen.
– Biegen Sie den Kopf wie oben beschrieben zurück, damit die Luftwege frei sind.
– Drücken Sie die Nase des Verunglückten zu.
– Decken Sie den Mund des Opfers mit dem Ihren völlig ab.
– Beatmen Sie ihn mit vier schnellen Atemstößen.
– Achten Sie darauf, ob sich die Brust hebt.
– Nehmen Sie den Mund weg, die Brust sollte wieder zusammensinken.
– Kontrollieren Sie den Puls 10–15 s lang.

Sollte der Puls zu fühlen sein, führen sie die Mund-zu-Mundbeatmung alle fünf Sekunden durch. Ist kein Puls festzustellen, beginnen Sie mit der Herzmassage.
– Legen Sie den Verunglückten auf festen Untergrund.
– Nehmen Sie ihm die Schwimmhilfe ab.
– Ertasten Sie den unteren Rippenbogen und legen Sie ihre Hand etwa zweifingerbreit darüber auf.
– Legen Sie die andere Hand darüber.
– Üben Sie Druck aus. Drücken Sie den Brustkorb für ca. eine halbe Sekunde um 5 cm zusammen.
– Entspannen Sie sich eine halbe Sekunde, wiederholen Sie dann den Druck.
– Fünfzehn Wiederholungen.
– Zwei Mal beatmen.
– Herzmassage.
– Prüfen Sie nach einer Minute den Puls.
– Drücken Sie bei Kindern den Brustkorb nicht so stark.

Der Verunglückte wird zuerst wieder einen fühlbaren Pulsschlag haben, dann wird er selbständig atmen und schließlich das Bewußtsein wieder erlangen. Dabei kann die Erinnerung an den Kampf vor dem Ertrinken den Verunglückten ›überschwemmen‹, stellen Sie ihn ruhig und halten Sie ihn warm. Bleiben Sie neben dem Verunglückten und prüfen Sie regelmäßig Puls und Atmung. Auch wenn der Verunglückte nicht auf die Wiederbelebungsmaßnahmen anspricht, müssen Sie sie fortsetzen bis fachkundiges Personal eintrifft.

Bei einem Verunglückten, der nicht mehr atmet, sollte die Mund-zu-Mund-Beatmung so schnell wie irgend möglich eingeleitet werden. Die Gleichmäßigkeit der Beatmung ist erstmal zweitrangig. Es ist ein Fall bekannt, wo ein Paddler einen Bewußtlosen am Ende einer Stromschnelle geborgen hat und ihn während der Fahrt mehrfach beatmet hat. Die Rettung war erfolgreich. Bei einer Rettungsaktion, bei der ich anwesend war, kam der Verunglückte wieder zu sich, nachdem man den Kinnriemen seines Helms gelöst und den Kopf nach hinten gedrückt hatte.

Auf jeden Fall muß der Verunglückte in ein Krankenhaus zur weiteren Versorgung überführt werden, da es Spätfolgen geben kann.

ÜBUNGEN

Sie sollten an Kursen teilnehmen, wo Sie unter fachkundiger Anleitung die Wiederbelegungsmaßnahmen erlernen können. Dazu gehört auch das Schwimmen mit einem Verunglückten, damit Sie die Schwierigkeiten kennenlernen, die auftreten, wenn man einen Bewußtlosen im Wasser bewegen muß.

Die Wiederbelebungskenntnisse des Retters haben diesem Paddler das Leben gerettet. Sein Helm ist abgenommen worden, er wurde in eine sichere Lage gebracht.

UNTERKÜHLUNG

Unser Körper ist auf seinen Wärmehaushalt angewiesen. Bei sportlichen Übungen produzieren wir Wärme, wenn wir im Sessel herumlümmeln, bewegen wir uns am unteren Ende des Wärmehaushalts. Wir benutzen Kleidung, um zu verhindern, daß Wärme an die Umgebung abgegeben wird. Sobald Sie zu frieren beginnen, können Sie Freiübungen machen, um wieder *wärmer* zu werden, oder mehr Kleidung anziehen, um die vorhandene Wärme zu *konservieren*. Sie sehen daran, welche Probleme der Wildwasserfahrer hat, denn beide Möglichkeiten stehen ihm nur sehr beschränkt zur Verfügung. Das Wasser, in dem er sein unfreiwilliges Bad nimmt, ist für gewöhnlich sehr kalt und entzieht dem Körper sehr schnell Wärme.

Aus welchen Gründen auch immer ein Wärmeverlust eintritt (Ableitung ins Wasser, kalter Wind, Erschöpfung) – sobald mehr Wärme abgeführt als erzeugt wird, tritt eine **Unterkühlung** ein. Damit beginnt ein teuflischer Kreislauf, der tödlich enden kann.

Als erste Maßnahme kann man durch zweckmäßige Kleidung einer Unterkühlung entgegenwirken, zweitens sollte man Flüsse auswählen, deren Schwierigkeitsgrad man sicher beherrscht. Wenn man die Unterkühlung im Frühstadium an sich selber und anderen erkennt, ist sie einfach zu behandeln. Schiebt man die Gegenmaßnahmen zu lange hinaus, handelt man sich schwere Probleme ein – Probleme, die einem über den Kopf wachsen können.

Leichte Unterkühlung

– Sie frieren und beginnen zu zittern.
– Das Gesicht ist blaß, weil der Körper beginnt, die Blutzirkulation auf den ›inneren Kreislauf‹ zu konzentrieren.
– Bei weiterem Wärmeverlust läßt die Koordinationsfähigkeit der Bewegungen nach, der Gleichgewichtssinn ist beeinträchtigt.

Spätestens in diesem Stadium muß ein weiterer Wärmeverlust vermieden werden, d. h. Sie müssen mehr Kleidung anziehen und verhindern, daß Wärme an das Wasser und den Wind verloren geht. Bewegung sorgt für weitere Erwärmung. Sobald die Temperatur, unter diesen kritischen Punkt absinkt, kann man sich durch Bewegung nicht mehr selber erwärmen, die Temperatur des Kernkreislaufs sinkt auf 32–35° ab. Schüttelfrost und Muskelstarre treten auf, klares Sprechen ist häufig nicht mehr möglich. Als Gegenmaßnahme muß man den Verunglückten warmhalten und in eine warme Umgebung bringen – beides Forderungen, die sich nicht leicht verwirklichen lassen. Die Grenzen zwischen den einzelnen Stadien der Unterkühlung sind natürlich fließend, je deutlicher die Symptome werden, desto mehr Phantasie muß man entwikkeln, um zu helfen.

– Bringen Sie den Verunglückten in Ruhelage, andere Personen sollten ihn vor Wind schützen und ihn mit ihrem Körper wärmen.
– Legen Sie den Verunglückten auf Decken, damit kein Wärmeverlust zum Boden auftritt.
– Decken Sie den Verunglückten mit warmen Jacken, Schlafsäcken, Dekken usw. ab.
– Vermeiden Sie möglichst jede Luftbewegung, dann kann Ihr Atem die Luft in der Abdeckung zusätzlich erwärmen.
– Machen Sie Feuer oder heizen Sie einen Ofen an, damit Sie von warmer Luft umgeben sind.
– Erwärmen Sie Decken und Handtücher (z. B. mit heißem Wasser), und legen Sie sie dann an den Körper des Unterkühlten – aber Vorsicht verbrühen Sie ihn nicht!

Schwere Unterkühlung

In diesem Stadium ist der Verunglückte bewußtlos. Die Erwärmung muß durchgeführt, aber jeder unnötige Transport muß vermieden werden. Der Körper hat voll auf den inneren Kreislauf umgeschaltet, daher sind nur geringe Lebenszeichen zu beobachten. Die größte Gefahr besteht in einem Kreislaufversagen. Schnelle Bewegungen, überstürztes Erwärmen sind zu vermeiden. Sogar das Aufrechtsitzen sollte vermieden werden. Der schnelle Abtransport darf nicht mehr im Vordergrund stehen, jetzt muß die vorsichtige Behandlung Vorrang haben. Sogar im Krankenhaus kann wenig mehr unternommen werden, als den Zustand des Verunglückten mittels Spritzen zu stabilisieren. Dieses Stadium der Unterkühlung muß vermieden werden!

ACHTES KAPITEL

WETTKAMPF

Das Wettkampfpaddeln ist ein Kampf gegen die Uhr. Wie beim Skilaufen unterscheidet man zwei unterschiedliche Disziplinen, die eine ist dem Abfahrtslauf vergleichbar, die andere dem Slalom verwandt.

WILDWASSERRENNEN

Der Teilnehmer an einem Wettkampf kommt alleine an die Startlinie, vor ihm liegt ein Flußstück des Schwierigkeitsgrades 3 oder höher. Obwohl die Länge der Strecke ungefähr 3 km beträgt, kennt der Paddler die Strecke sehr genau. Er muß diesen Flußabschnitt so schnell wie möglich zurücklegen, er muß schneller sein als die Starter vor und hinter ihm.

Die Schnelligkeit des Paddlers hängt nicht in erster Linie von seiner Kondition und Technik ab, obwohl auch die sehr wichtig sind, sondern von seinem Wissen um die Strömungen im Revier und wie sie am besten ausgenutzt werden können. Der Paddler wird sich die seiner Meinung schnellste Route bei der Begehung vom Ufer aus wählen. Wenn der Starter anfängt zu zählen 5, 4, 3, 2, 1 muß alles automatisch ablaufen, jeder Paddelschlag muß Dich dem Ziel möglichst schnell näher bringen, da darf es kein Zögern, kein Überlegen geben. Während des Rennens läuft die Route vor dem inneren Auge des Paddlers ab, die günstigen Strömungen, die Walzen, die Hindernisse, die die Fahrt des Bootes behindern können.

Die Geschwindigkeit der Strömung und die zusätzliche Arbeit des Padd-

Oben rechts: Wildwasserweltmeisterschaften auf der Isere in den französischen Alpen.

Unten rechts: Ein Wettkämpfer mitten in einem Katarakt des Schwierigkeitsgrads 4. Es ist wichtig, den Idealkurs zu halten, sonst werden Kehrwasser und Löcher die Geschwindigkeit bremsen.

Ganz rechts: Der Wildwasserrennkajak ist eine schnelle Maschine für den geraden Kurs. Er hat trotzdem genug Auftrieb, um ihn im rauhen Wasser oben zu halten.

lers sorgen dafür, daß alles sehr schnell passiert. Man muß daher sehr wachsam und athletisch sein, um die zwanzig Minuten bis zum Ziel durchzustehen. Erfahrung, Training und die Betreuung durch einen Coach sind die Gewähr dafür, daß Sie Ihre Kraft richtig einteilen und nicht nach der halben Strecke ausgepumpt sind oder das Ziel erst erreichen, wenn die Zeitnehmer schon nach Hause gegangen sind.

Ausrüstung

Der Rennkajak ist so konstruiert, daß er hohe Geschwindigkeiten läuft. Er reagiert nicht sofort auf Steuermanöver, enge Kurven sollten nicht gefahren werden, weil sie die Bootsgeschwindigkeit herabsetzen. Der Paddler plant also seinen Weg wie ein Autorennfahrer, er versucht eine harmonische Route zu fahren, wo er ständig die Fahrt im Boot behält. Durch Gewichtsverlagerung wird gesteuert.

Sie werden feststellen, daß ein Rennkajak extrem viel Auftrieb hat, zusammen mit dem fast geraden Bug sorgt das dafür, daß er gut durch rauhes Wasser marschiert. Wenn man einen Rennkajak im ruhigen Wasser sieht, wird einem klar, daß es ein sehr wackeliges Boot ist, weil seine Wasserlinie sehr lang und schmal ist. Es erfordert einige Übung, um in so einem Boot sicher zu sitzen und es durch Gewichtsverlagerung zu steuern.

Die Abmessungen und Gewichte sind durch strenge Regeln festgelegt.

- Größte Länge: 4,5 m
- Mindestbreite: 0,6 m
- Mindestgewicht: 10 kg

Teilnehmer an Rennen müssen einen Schutzhelm und eine Schwimmhilfe mit mindestens sechs Kilopond Auftrieb tragen. Der Kajak muß Auftriebskörper haben und mit Handgriffen an beiden Enden ausgerüstet sein. Die Paddel sind asymmetrisch und kürzer als üblich. Damit soll eine hohe Schlagfrequenz erreicht werden, auch wenn das auf Kosten des längeren Hebels geht. Das schnelle Paddeln erhöht die Stabilität des Bootes und macht das Steuern mittels Gewichtsverlagerung möglich.

Organisation

Die Wettkämpfe werden von den nationalen Verbänden veranstaltet und orientieren sich an einem Klassensystem, das die Leistungsstärke der Teilnehmer getrennt nach Frauen und Männern berücksichtigt. Es gibt Wettkämpfe für Einer- und Doppelkajaks und auch Teamrennen für drei Boote. Der Schwierigkeitsgrad reicht von Rennen für Anfänger bis zu Weltmeisterschaften.

SLALOM

Auch der Slalomfahrer fährt gegen die Uhr. Sein Problem ist, daß er etwa fünfundzwanzig Tore durchfahren muß, die über dem Wasser hängen, ohne sie mit dem Boot, dem Paddel oder dem Körper zu berühren. Jedes Tor hat eine Nummer. Die Reihenfolge muß eingehalten werden. Berührt man eine Stange, oder läßt ein Tor aus, wird man mit einer Strafzeit belegt, die

am Ende zur tatsächlich benötigten Zeit addiert wird. An jedem Tor sind Schiedsrichter postiert, die die Strafpunkte notieren. Die Tore sind außerdem in einer bestimmten Richtung zu passieren. Die Farbe der Tore signalisiert die Fahrtrichtung. Ein Tor, das aus rotweißen Stangen gebildet wird, muß gegen die Stromrichtung, eines aus grünweißen Stangen muß in Stromrichtung durchfahren werden. Es ist sehr wichtig, die richtige Richtung einzuhalten, denn ein Durchfahren in falscher Richtung bringt fünfzig Strafsekunden ein! Sollten Sie das Pech haben zu kentern und nicht mehr hochzukommen, werden Sie disqualifiziert.

Die Kunst des Absteckens der Strecke liegt darin, den Paddlern die Möglichkeit zu geben, sich eine optimale Route zurechtzulegen. Das wird zuerst bei einer Streckenbegehung gemacht und später bei den Übungsrennen. Jeder Teilnehmer macht dann zwei Läufe, von denen der schnellere gewertet wird.

Obwohl der Slalom ein echter Wettbewerb ist, entstehen am Rande viele soziale Kontakte. Die Arbeit auf dem Wasser ist zwar sehr hart, nimmt aber nur wenig Zeit in Anspruch. Man hat genügend Muße anderen Paddlern zuzuschauen und den Wettbewerb zu diskutieren. Die Natur des Slaloms liegt in der notwendigen Bootsbeherrschung. Um den Kurs mit voller Geschwindigkeit unter Berücksichtigung der Tore zu paddeln, muß man sein Boot vollendet beherrschen. Kein anderer Sport kommt dem reinen Wildwasserfahren so nahe.

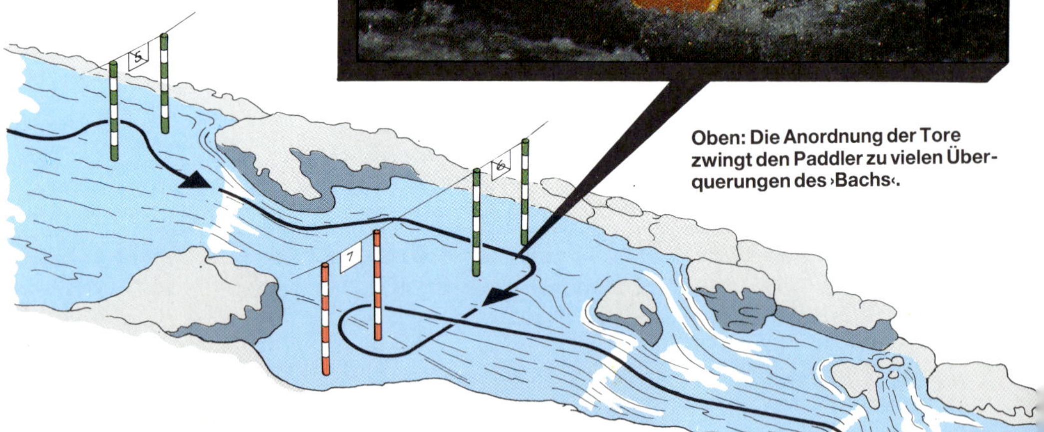

Oben: Die Anordnung der Tore zwingt den Paddler zu vielen Überquerungen des ›Bachs‹.

Links: Ein französischer Paddler sucht sich den richtigen Punkt zum Ausschwingen. Er hat die Stangen und die Stromgrenze genau im Blick.

Der Kajak

Der Slalomkajak ist eine hochspezialisierte Maschine. Das Deck ist extrem flach, damit das Boot ohne Kontakt unter den hängenden Torstangen hindurchrutschen kann. Die Bootsenden sind sehr scharf ausgebildet. Das hat folgende Vorteile: Zum einen wird dem Wasser wenig Widerstand geboten, zum anderen erleichtert der geringe Auftrieb schnelle Wendungen.

Im Boot ist es sehr eng, aber das vermittelt einen sehr guten Kontakt zum Kajak. Das Cockpit bietet kaum Platz, aber das Boot reagiert auf den leichtesten Paddelschlag, das dürfte wohl auch den Erfolg dieser Boote bei jungen Anfängern ausmachen.

Die Hauptabmessungen sind:

- Mindestlänge 4 m.
- Mindestbreite 0,6 m.

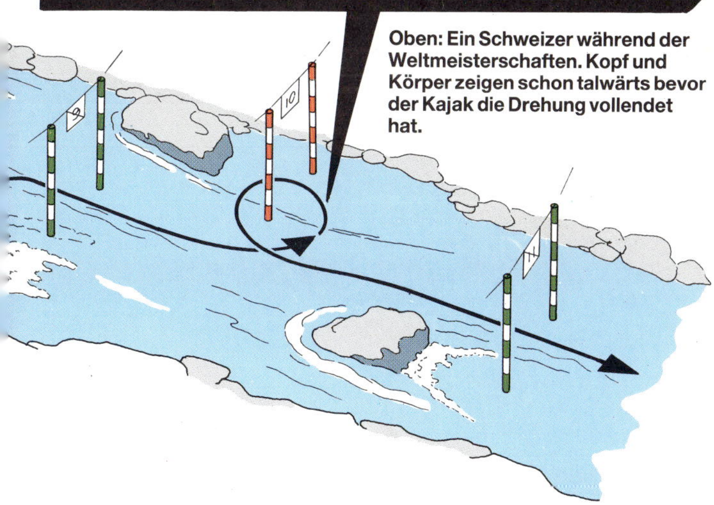

Oben: Ein Schweizer während der Weltmeisterschaften. Kopf und Körper zeigen schon talwärts bevor der Kajak die Drehung vollendet hat.

Organisation

Auch hier wird wieder von den nationalen Verbänden mit einer Klasseneinteilung gearbeitet. Dadurch können sich die Paddler langsam im Schwierigkeitsgrad steigern, und die Spitzenpaddler müssen hart trainieren, um ihren Ranglistenplatz zu behaupten.

Slalomwettkampfklassen sind:

K1M – Einerkajak Männer
K1L – Einerkajak Damen
C1 – Einerkanadier
C2 – Doppelkanadier

Außerdem gibt es Mannschaftswettbewerbe, bei denen alle drei Boote die Ziellinie innerhalb von fünfzehn Sekunden passiert haben müssen. Es werden Wettbewerbe vom Anfängerniveau bis zur Weltmeisterschaft ausgerichtet.

Sicherheit

Die Sicherheitsrichtlinien sind sehr streng. Alle Teilnehmer müssen einen Helm und eine Schwimmhilfe mit mindestens 6 Kilopond Auftrieb tragen. Am Ende Ihres Durchgangs sind Sie verpflichtet im Boot zu warten, bis der nächste Teilnehmer die Ziellinie passiert hat, damit Sie eingreifen können, falls er Hilfe benötigen sollte.

Unten: Ein Slalompaddler zwischen den Stangen. Vor kurzem gab es eine Änderung in der Farbgebung der Stangen.

Rechts: Der künstlich angelegte Slalomkurs in Holme Pierrepo am River Trent, Nottingham / England.

Unten rechts: Der Rennkajak hat extrem wenig Volumen, er kann unter den Stangen hindurchrutschen.

15
14
24

INTERNATIONALE KANUVEREINIGUNGEN

Argentinien
Federacion Argentina de Conoas
Ave Pte Roque Saenz Pena 615, 90, Officina 905
1393 Buenos Aires/Argentina
Tel.: 010-541 458-787
Telex: 17 499 Coarg-ar

Australien
Australian Canoe Federation
Room 510, Sports House, 157, Gloucester Street
Sydney, N.S.W. 2000 Australia

Belgien
Royal Belgian Canoe Federation
Geerdegmvaart 79
2800 Mechelen/Belgium
Tel.: 010-32-15 415-495

Brasilien
Carioca Canoeing Association
Ave. Grande Canal 285, Barra de Tijuca
Rio de Janeiro/Brazil

Britannien
British Canoe Union
Flexel House, High Street, Addelstone
Weybridge, KT 151JV

Bulgarien
Bulgarian Canoe Federation
Bulevar Tolbuhina 18
Sofia/Bulgaria
Tel.: 010-3592-86-51 (333, 234)
Telex 22723 oder 22724 BSFS

Bundesrepublik Deutschland
Deutscher Kanu-Verband
Berta-Allee 8
4100 Duisburg 1
Tel.: 010-49-203-72-965(6)
Telex: 203 389 Kanu

Chile
Federacion Chilena de Canotaje
Compania 2982, Casilla 154
Santiago/Chile

China
Chinese Canoe Association
9, Tyukuan Road
Peking/Peoples Republic of China
Tel.: 75-13-13
Telex: 22323 Choc Cn

Costa Rica
Costa Rica Canoe Federation
Apartado 472-1200
avas/Costa Rica

CSSR
Ceskoslvensky Svaz Kanoistiky
Na Porici 12
11530 Praha 1/CSSR
Tel.: 010-42-2-249-841
Telex: 122650 SCTV (Canoe)

Dänemark
Dansk Kano og Kajak Forbund
Idraettens Hus, Brondby Stadium 20
DK-2605 Brandby/DenmarkTel.: 010-45-2-455555
Telex: 33 111 IDRAET DK

Deutsche Demokratische Republik
Deutscher Kanu-Sport-Verband der DDR
Starkower Straße 118
1055 Berlin/DDR
Tel.: (37-2) 43-48-342
Telex: 114919 DRSB

Elfenbeinküste
Federation Ivorienne de Pirogue
Ol.B.P. 4733 Abidjan/Ivory Coast
Tel.: 010-223-331-708

Finnland
Suomen Kancottiliito Ry
Radiokatu 12
00240 Helsinki 25/Finnland
Tel.: 010-358-0 158-23-63
Telex: 121797 Svul SF

Frankreich
Federation France de Canoe et Kajak
17 Route de Vienne
69007 Lyon/France
Tel.: 010-33-78-61-28-06

Griechenland
Athletic Club of Neo Petrisi (Canoa)
24, Mikilon Street, 24,
54643 Thessaloniki/Greece

Holland
Nederlandse Kano Bond
Utrechtseweg 17, Postbus 434
1380 Ak Weesp/Netherlands
Tel.: 010-31-2940-18-331

Hong Kong
Hong Kong Canoe Union
Queen Elizabeth Stadium, Room 1010
18 Oi Kwan Road
Wang Chai/Hong Kong
Tel.: 010-852-5-72-70-08
Telex: 65188 HCH HX

Indien
Indian Kayaking and Canoeing Association
606 Akash Deep, 6th Floor, Barakhambra Road
New Delhi/India
Tel.: 010-91-11-331-21-73
Telex: 31-3629 AMBT IN

Indonesien
Indonesien Canoe Association
Jalan Prapatan 38
Jakarta 10410/Indonesia
Tel.: 010-62-21-34-86-85
Telex: 45214 Koni la

Iran
Canoe-Kajak & Water Ski Federation
10, Avenue Varzandeh, Mejab
Tel.: 010-98-21-225-196
Telex: 212969 Varz Ir

Irland
Irish Canoe Union
4/5 Eustace Street
Dublin 2/Eire
Tel.: 0001-71-43-11

Israel
4, Mamorek Street, PO Box 4575
6104 Tel Aviv/Israel
Tel.: 010-972-3-24-31-68
Telex: 5786

Italien
Federazione Italiana Canoe Kajak
Viale Tiziano 70
00196 Roma/Italy
Tel.: 010-39-6390-954
Telex: 680456 CONI (Canoa)

Japan
Japan Canoe Federation
Kishi Meorial, 1-1-1 Jinnan, Shibuya-ku
Tokyo/Japan
Tel.: 010-81-3-481-2400
Telex: 27697 J

Jugoslawien
Kajakaski Savez Jugoslavije
Bulevar Revolucije 44
11000 Beograd/Yugoslavia
Tel.: 010-38-11-553-173
Telex: 11984 Olymp Yu (Canoe)

Kanada
Canadien Canoe Association
333 River Road, Vanier City
Ontario, K1L8B9/Canada
Tel.: 0101-613-74-65-455
Telex: 053-3660

Kuba
Federacion Cubana de Canotaje
Via Blanca y Boyeros Suidad Deportiva
La Habana/Cuba
Tel.: 010-53-7 405-805

Luxemburg
Federation Luxemburgeoise de Canoe-Kayak
6 Rue de Pulvermuhle
2356 Luxembourg
Telex: 3556 Cosl Lu

Malaysia
Malaysia Canoe Association
13, Jalan Bungah Orchid, Hillside Tajong Bungah
Penang/Malaysia

Malta
Canoeing Association of Malta
Dipartiment ta'l - Edukazzjoni Lascris
Valletta/Malta
Tel.: 010-356-60-53-92
Telex: 1260 MW

Mexiko
Federacion Mexicana de Canotaje
Xola 1301-41
Mexico City 03020 DF/Mexico
Tel.: 010-52-5-530-09-79

Neuseeland
New Zealand Canoeing Association Inc.
P.O. Box 3768
Wellington/New Zealand

Nord-Korea
Canoe Association of the DDR
Munsin-Dong 2, Dongdawon District
Pyongyang, DPR of Korea/Korea
Tel.: 62-386
Telex: 5472 KP

Norwegen
Norges Kajak - og Kanoforbund
Hauger Skolovei 1
1351 Rud/Norway
Tel.: 010-47-2-134-290
Telex: 18586 NIF N

Österreich
Österreichischer Kanu Verband
Berggasse 16
1090 Wien/Austria
Tel.: 010-43-222 249-203
Telex: 133 132 Sport A

Panama
Union Panamena de Canotaje
Apartado 2927, Panolimpic,
Panama 3/Republic of Panama

Polen
Polski Zwiazek Kajokowy
Ul. Sienkiewicza 12, (pok.433)
00-101 Warszawa/Poland
Tel.: 010-48-22-27-49-16
Telex: 813522 Pkol pl (Canoe)

Polynesien
International Polynesia Canoe Federation
PO Box 123 Papeete
Tahiti/French Polynesia

Portugal
Federacao Portuguesa de Canoagem
Rua Antonio Pinto Machado 60
4100 Proto/Portugal

Rumänien
Federatia Romana de Caiac-Canoe
Str. Vasile Conta 16
70139 Bucarest/Rumania
Tel.: 010-40-0-11-79-70
Telex: 11180 Sport R (Canoe)

Schweden
Svenska Kanotforrbundet
Idrotens Hus
123 87 Farsta/Sweden
Tel.:010-46-8-713-63-55
Telex: 12043 Sports S (Canoe)

Schweiz
Schweizerischer Kanu-Verband
Obere Rebgasse 570
CH-4314 Zeiningen/Switzerland
Tel.: 010-41-61-88-20-00

Senegal
Federation Senegalaise de Regates
BP 517 Dakar/Senegal

Singapur
Singapore Canoe Association
585, North Bridge Road 10-03 Blanco Court
Singapore 0718
Telex: 23947 RS

Sowjetunion
Canoe Federation of the USSR
Loujnetzkaya Nab 8
Moscow/USSR
Tel.: 0107-095-201-19-72
Telex: 411287 Konki su (Canoe)

Spanien
Federacion Espagnola de Piaguismo
Cea Bermudez 14, lo
28003 Madrid 3/Spain
Tel.: 010-34-1-25-30-602 (3,4)
Telex: 2261 Sport Es

Süd-Korea
Korean Canoe Federation
19, Mookyodon, Jung-gu,
Kassa Building Room 605
Seoul 100/Korea
Tel.: 010-82-2-754-22-40
Telex: 24989 KOCSEL k

Ungarn
Magyar Kajak-Kenu Szovetseg
Dozsa Gyorgy Ut 1-3
1143 Budapest/Hungary
Tel.: 010-36-1-136-427
Telex: 225101 OTSH H

Uruguay
Federacion Uruguaya de Canotaje
Danelones 978, Casa de los Deportes
Montevideo/Uruguay
Tel.: 010-598-90 82 55 (Int.23)
Telex: (32)982 COURO UY (CANOE)

USA
7217 Lockport Place, P.O.B. 248, Lorton
Virginia 22079/USA
Tel.: 0101-684-703-550-7523

Venezuela
Federation Venzolana de Canotaje y Remo
Apartado de Coreos Nr 75224
Caracas 10701/Venezuela

Zypern
Cyprus Canoe Association
P.O. Box 422
Nikosia/Cyprus
Tel.: 010-357-21-430-96(7)

LEXIKON

Durchlüftetes Wasser: Das Wasser unterhalb eines Wehrs, das sehr sauerstoffreich ist.
Aerobische Belastungen: Beanspruchungen der Muskeln, die durch Verbrennung von Sauerstoff gespeist werden.
Anaerobische Belastung: Eine kurze, intensive Beanspruchung, bei der die Energie nicht aus Sauerstoff gewonnen wird. Die Beanspruchung kann nur kurzzeitig durchgehalten werden; danach muß eine längere Erholungspause eingelegt werden.
Unterdrucksicherung: Eine Versteifung, die das Spritzverdeck gegen den Wasserdruck stärkt.
Asymmetrische Ruderblätter: Die Paddelblätter sind so geformt, daß man das linke nicht mehr gegen das rechte austauschen kann.
Rücklauf: Bereich in einem Stopper, in dem das Wasser bergwärts (zurück) läuft.
Balance: Seitliche Neigung – oder das Fehlen dieser Neigung.
Sicherheitsposten: Die Unterstützungsposten, die entlang der Strecke postiert werden.
Rettungssack: Ein Sack aus wasserdichtem und winddichtem Gewebe, der einer oder zwei Personen zeitweilig Schutz bieten kann – besonders nach Unfällen.
Saum: Wasserdichter Abschluß an Bekleidungsstücken oder dem Spritzverdeck.
Pilze: Am Rand der Stromgrenze quillt Wasser an die Oberfläche, das an kochendes Wasser erinnert.
Stütze: Ein Manöver, mit dem der Paddler seine Querstabilität erhält.
Einschwingen: Einfahren in die Strömung.
Ausschwingen: Verlassen der Strömung.
Querschlagen: Längsseits an einem Hindernis (z.B. einem Block) festkommen.
Kanupolo: Ein Ballspiel für zwei Mannschaften zu jeweils fünf Booten. Die Spieler benutzen kurze Kajaks, der Ball wird gegen ein aufgehängtes Brett geworfen. Für gewöhnlich wird das Spiel in Schwimmhallen betrieben.
Kohlefaser: Karbonfaser, ist mehrfach zugfester als die Glasfaser und wird zur Verfestigung von Rümpfen und Paddeln verwendet.
Ausgleichsschlag: Ein einzelner Vorwärtsschlag, mit dem man das Boot nach dem Ausschwingen im Kehrwasser stabilisiert.
Sicherheitsgurt: Eine Gurtanordnung mit Schnellauslösung, die über der Schwimmhilfe getragen wird oder in ihr integriert ist. Man kann daran Rettungsleinen befestigen.
Kinnschutz: Ein Plastikteil, das auf den Kinnriemen geschoben werden kann.
Intervalltraining: Eine Trainingsform an Land, bei der sich fünfzehn verschiedene Übungen abwechseln.
Festschaum: Schaummaterial großer Festigkeit, das kein Wasser aufnimmt.
Coach: Trainer, Betreuer, der die Erfahrung und das Wissen hat, um den Paddler in seiner sportlichen Entwicklung weiterzubringen.
Kompositblatt: Ein Paddelblatt, das aus verschiedenen Materialien hergestellt ist.
Verbundene Schläge: Verschiedene Schlagvarianten gehen nahtlos ineinander über.
Wiederbelebung: Mund-zu-Mundbeatmung kombiniert mit Herzmassage.
Traversieren: Seitliches Überqueren eines Gewässers.
Prallpolster: Welle an der Bergseite eines Blocks.
Sicherheitsleine: Wird z. B. an beiden Ufern gehalten, um sie exakt positionieren zu können. Manchmal ist sie in der Mitte beschwert, damit der Verunglückte sie leichter fassen kann.
›Trockenes‹ Ertrinken: Eine Beschreibung, die benutzt wird, wenn der Verunglückte bewußtlos ist, ohne Wasser geschluckt zu haben.
Trockenanzug: Ein Paddelanzug, der über mehreren wärmenden Kleidungslagen getragen wird, er stellt bei kaltem Wetter eine gute Alternative zum Naßbiber dar.
Hantel: Ein Gewicht mit kurzem Handgriff, das beim Training verwendet wird.
Stromgrenze: Linie zwischen Kehrwasser und Strom.
Stauwasser: Stillwasser, Kehrwasser, Gebiet ruhigen Wassers.
Anlaufpunkt: Das ist ein imaginärer Punkt, den Sie beim Ausschwingen anvisieren.
Aufkanten: Ankanten, der Kajak wird durch Gewichtsverlagerung gekrängt.
Kopfstand: Der Kajak wird mit Hilfe der Wellen senkrecht aufgestellt.
Falle: Das Boot sitzt horizontal oder vertikal fest. Hilfe ist erforderlich, weil der Paddler durch den Wasserdruck oder die Verformung des Kajaks gefangen ist.
Epoxykleber: Ein sehr wirkungsvoller Kleber für viele Einsatzgebiete.
Seilfähre: Seitliches Überqueren des Stroms.
Powerschlag: Vorwärtsschlag, der den Kajak maximal beschleunigt, ohne daß eine merkliche Drehtendenz auftritt.
Freistilpaddeln: Tricks und Manöver, die aus Spaß und aus Übungszwekken ausgeführt werden.
GFK: Glaserfaserverstärkter Kunstoff. Glasfasermatten werden in einer Form mit Harz getränkt, danach härtet das Laminat aus.
Grüne Welle: Eine solide stehende Welle, ohne Luftzufuhr.
Hüftschwung: Ein Bewegung aus der Hüfte, mit der man den Kajak nach einer Kenterung wieder aufrichten kann.
Loch: Ein Stopper an der Talseite eines Blocks.
Rumpf: Unterseite des Kajaks.
Unterkühlung: Absinken der temperatur durch Wärmeentzug oder Erschöpfung.
ICF: International Canoe Federation, die Spitzenorganisation aller Kajakverbände der Welt. Sie beschäftigt sich hauptsächlich mit Wettkämpfen.
Rudermaschine: Maschine, an der der Paddler seine Kraft und Fitness verbessern kann. Die ziehenden und drückenden Bewegungen des Paddelns werden simuliert.
Düse: Schnell strömende Stromzunge zwischen zwei Kehrwassern.
Karabinerhaken: Ein Metallhaken, mit dem man schnell Leinen verbinden bzw. lösen kann, ursprünglich für das Bergsteigen entwickelt.
Kajak: Die häufigste Definition lautet: Ein gedecktes Boot, das mit einem zweiblättrigen Paddel angetrieben wird.
Volumen: Luftmenge, angegeben in Litern, die im leeren Kajak enthalten ist.
Sicherheitscockpit: Schlüssellochcockpit, das auf Grund seiner Form dem Paddler das Aussteigen im Notfall erleichtert.
Kehlkopfkrampf: Ein instinktiver Reflex, der meistens auftritt, sobald Wasser in den Mund gelangt. Er verschließt die Luftröhre, um die Lunge zu schützen.
Latex: Naturgummi, aus dem Manschetten für die Handgelenke, Fußgelenke und den Hals hergestellt werden.
Einsteuerung: Die Einfahrt und die Manöver, die nötig sind, um in eine Stromschnelle einzufahren.
Überlegen: Gewichtsverlagerung, um die Kräfte in einer engen Wendung auszugleichen.
Kraftmaschine: Eine Maschine mit Gewichten, die der Kraftsteigerung dient.

Neoprene: Ein synthetisches Gummi, das Luftbläschen enthält. Es wird in unterschiedlicher Stärke für Bekleidung und Spritzverdecke verwendet.
Bugschutz: Schutz am empfindlichen Bug des Kajaks.
Sichtpaddeln: Befahren eines Flußabschnitts nach dem Wasserbild, ohne vorher eine Uferbegehung gemacht zu haben.
Sauerstoffmangel: Nach heftigen Anstrengungen muß der Sauerstoffmangel während einer längeren Pause ausgeglichen werden.
Spitzentanz: Eine Drehung, bei der der Kajak auf der Spitze steht.
Tosbecken: Wasserfläche, auf der der Kajak landen wird.
Polyester: Ein Plastikprodukt, das bei der Herstellung von Bekleidung vielfach verwendet wird.
Polyäthylen: Plastikmaterial, aus dem die meisten Wildwasserkajaks hergestellt sind.
Polypropylen: Kunststoff, aus dem Helme hergestellt werden.
Rampe: Absprungplattform im Oberwasser.
Wippe: Biegung, die der Konstrukteur dem Rumpf gegeben hat.
Hahnenschwanz: Ein geschweifter Wasservorhang, der über einem Block entsteht. Darunter ist Luft.
S-Törn: Die Überquerung einer Stromzunge, bei der man zuerst einschwingt, um sofort wieder auszuschwingen.
Seehundstart: Wasserung vom Ufer, nachdem man schon im Boot sitzt und das Spritzverdeck geschlossen hat.
Abdrift: Seitliche Bewegung des Kajaks durchs Wasser.
Quersurfen: Seitliches Reiten im Schlitz des Stoppers.
Rakete: Der Kajak schießt durch den Wasserdruck senkrecht aus dem Stopperschlitz heraus.
Schlinge: Endlose Tauschleife, mit der man schnell festmachen kann.
Schlitz: Eine tiefe Wassergrube am Stopper, wo das zurückfließende Wasser auf den talwärtsfließenden Strom trifft.
Stufe: Abfall, Gefällstufe.
Schneeschmelze: Der natürliche Ablauf des getauten Schnees durch Bäche und Gebirgsflüsse während Frühling und Sommer. Gletscherflüsse führen immer Wasser, solange die Sonne im Sommer scheint.
Geteilte Paddel: Paddel, die in der Mitte getrennt werden können. Zumeist werden sie als Reservepaddel im Boot verstaut.
Löffelform: Blattform, die den Wirkungsgrad beim Vorwärtsschlag erhöht.
Spritzdecke: Abdeckung des Cockpits.
Squirt boat: ›Spritzer‹, ein reiner Spaßmacher mit extrem kleinem Volumen, er kann besonders leicht Kopf- oder ›Fußstand‹ machen.
Stopper: Eine waagerechte Walze, die im oberen Bereich von zurückströmenden Wasser gekennzeichnet wird.
Sieb: Ein Durcheinander aus überfluteten Baumteilen, das vom Strom durchspült wird. Eine ernste Gefahr für jeden Schwimmer!
Stromzunge: Hauptstrom zwischen zwei Kehrwassern.
Rücklauf: Strömung an der Oberfläche, die gegen die übliche Fließrichtung verläuft.
Trimm: Die Lage des Kiels zur Horizontalen. Bei gleichmäßiger Beladung vorn und achtern hat man den Kajak auf ›ebenen Kiel‹ getrimmt.
Thermoplaste: Eine nicht ganz so verbreitete Herstellungsmethode, bei der Plastik unter Druck (Unterdruck) und Hitze in eine Form gepreßt wird.
Velcro: Ein Klettverschluß
Welle: Eine Erhöhung des Wasserspiegels, die durch die Erhöhung der Geschwindigkeit oder durch die Richtungsänderung des Stroms entsteht.
Wehr: Ein künstliches Strombauwerk, das der Regulierung des Flusses dient. Steilwehre können bei Hochwasser besonders gefährlich sein.

INDEX

SCH

T

U

V

W

Z